南阳理工学院博士科研启动基金项目（项目编号：NGBJ-2020-30）成果
南阳理工学院乡村振兴研究院团队建设计划资助出版

生计资本对农户林地利用及收入的影响研究

张旭锐 著

WUHAN UNIVERSITY PRESS
武汉大学出版社

图书在版编目(CIP)数据

生计资本对农户林地利用及收入的影响研究/张旭锐著.—武汉:武汉大学出版社,2021.11

ISBN 978-7-307-22370-7

Ⅰ.生…　Ⅱ.张…　Ⅲ.①林地—土地利用—研究—中国　②农民收入—研究—中国　Ⅳ.①F321.1　②F323.8

中国版本图书馆 CIP 数据核字(2021)第 108829 号

责任编辑:宋丽娜　　责任校对:汪欣怡　　版式设计:韩闻锦

出版发行:**武汉大学出版社**　(430072　武昌　珞珈山)

(电子邮箱:cbs22@whu.edu.cn　网址:www.wdp.com.cn)

印刷:武汉邮科印务有限公司

开本:787×1092　1/16　印张:10　字数:243 千字　插页:1

版次:2021 年 11 月第 1 版　2021 年 11 月第 1 次印刷

ISBN 978-7-307-22370-7　定价:48.00 元

前　　言

目前，以明晰产权、承包到户、放活经营权、落实处置权和保障收益权为核心内容的集体林权制度主体改革已基本完成，我国27亿亩集体林地已基本完成确权发证，近5亿农民获得了集体林地承包经营权，这在带动农民就业、创业和脱贫等方面将发挥巨大作用。林农作为林业经济活动的微观行为主体，是林地利用最基层的行为决策主体，通过林业生产投入的提高以及林地流转价格的上升，获取直观的经济收益或提高规模效率增加收入。集体林区一般位于贫困山区，具有经济发展水平低和生态环境脆弱的双重特点，为统筹解决保护生态环境和贫困地区脱贫问题，我国政府启动了一系列林业生态工程，并将林业产权制度改革作为新时期林业发展的重要抓手和载体，改变了以往因农户对生态环境保护的认识不足、生计单一、注重短期效益等导致的林地过度开发现象，农户生计方式变得多样化，但也带来了新的问题。林业产权制度改革后，林农的自然资本增加，外出务工导致人力资本减少，林业经营投入动力不足、撂荒现象时有发生，且林地生产效率低下，由于生计变化导致农户林地利用行为中出现的一系列问题已经成为当前制约集体林区经济可持续发展和保护生态环境的突出问题。已有研究表明，农户对经济机会的响应是驱动其对林地和其他自然资源利用行为变化的最终因素，生计资本的性质与结构决定了林农的林地利用和生计策略行为决策，会对林农的林地利用行为产生影响，并最终影响农户的家庭收入。因此，研究生计资本对农户林地利用行为及收入的影响机制具有重要的理论和现实意义。

本书以山区林业经营农户为研究对象，在对国内外相关文献进行梳理的基础上，依据农户行为理论、生计资本理论、要素禀赋理论、规模经营理论等，打破将林区农户作为同质整体的传统假设，构建了生计资本影响农户林地利用及收入的理论分析框架。本书基于陕西、江西两省654户农户调研数据，首先，利用熵值法对生计资本进行测算；其次，利用多项Logit模型、OLS回归分析法、分位数回归模型、DEA-Tobit模型、多元线性回归和门槛回归模型等在非农化进程下从生计资本水平与结构的双重视角深入探讨生计资本对农户林地利用方式、利用集约度、利用效率以及对农户林业收入的影响；最后，提出相关政策建议。本书主要研究结论如下。

①林业经营农户特征及林地利用现状。调研样本分析发现，当前林业生产领域户主的年龄主要集中在40~60岁，多为中年人。林区农户受教育程度不高，学历主要集中在初中及以下。当前每户林业生产劳动力数量多以2人及以下为主，农户经营林地规模分布较为均匀，涵盖了大、中、小各类规模，但家庭收入不高，多集中于3万~5万元。农户兼业方面，调查样本中56.12%的农户都进行了林业兼业生产，仅43.88%的农户没有进行林业兼业生产。样本农户林地利用中存在的问题主要表现在人均林地数量少、产出低、农

户林地利用集约水平不高、林地利用效率有待提升等方面。

②不同地域、不同经营类型农户的生计资本总体特征存在明显差异，陕西省农户的自然资本值略高于江西省，而人力资本、物质资本、金融资本和社会资本值略低于江西省。商品林经营农户生计资本总值大于公益林经营农户生计资本总值。目前，林区农户以弱资本型为主，占比为58.56%，表明林区多数农户的生计资本均处于较低水平。从生计资本分维水平来看，弱金融资本型与弱自然资本型农户占比最大，分别为70.03%和68.96%，强自然资本型和强金融资本型农户类型占比最小，分别为31.04%和29.97%。不同类型农户生计资本在水平和结构上存在较大差异，生计资本结构差异与农户的生计类型特征相关，在一定程度上受生计资本水平值的影响，且这种差异将会影响农户的林地利用及其收入。

③大部分纯林户的林地利用方式都是选择用材林经营，纯林户在经济林和竹林的利用方式上所占比例差不多，林下经济的利用方式所占比例最小。生计资本影响农户的林地利用方式。在资本禀赋水平上，人力资本、自然资本和金融资本对农户的林地利用方式选择具有较大程度的影响；在资本禀赋结构上，人力资本占优和社会资本占优对农户的林地利用方式存在显著影响效应。此外，生计资本异质性对不同类型农户的林地利用方式影响也存在差异性，如人力资本、金融资本及人力资本占优显著影响纯林户林地利用方式；人力、自然、金融三者的资本水平和资本结构均显著影响林业兼业户的林地利用方式；人力、自然、金融资本水平显著影响兼业林业户的林地利用方式，生计资本结构对其影响不显著；社会资本占优仅对非林户的林地利用方式产生显著影响。

④目前，农户的林地经营劳动集约度均大于资本集约度，表明目前我国的林地经营仍处在劳动集约经营阶段。从农户类型来看，兼业户的劳动集约度和资本集约度均最大，其中林业兼业户的劳动集约度最大，为0.492，兼业林业户的资本集约度最大，为0.454，其次是纯林户，非林户的资本集约度和劳动集约度均最小。虽然资本集约度和劳动集约度在不同类型农户间具有一定的差异，但两者的差距并不是太大，如对于林业兼业户而言，资本集约度和劳动集约度的差距为0.009，这也得益于集体林权制度改革对农户营林积极性的提高，但整体上集体林权制度改革后，林业经营并未从劳动集约向资本集约转化，可能是由资本的异质性导致劳动和资本间的互补效应和替代效应以及林业社会化服务体系的不完善造成的。生计资本水平和结构影响农户的林地利用集约度。此外，生计资本对不同类型农户林地利用集约度的影响程度的变化规律具有较大的差异。

⑤不同商品林经营类型农户的纯技术效率都普遍高于其规模效率。此外，农户林地经营的综合技术效率在不同的商品林经营类型中表现出较大的差异性。具体而言，经营用材林农户的综合效率为0.204，几乎是经营经济林农户综合效率0.121的2倍，经营竹林农户的综合效率最低，为0.096。生计资本水平和结构在不同程度上影响着农户林地利用的综合技术效率、纯技术效率和规模效率，而且针对不同林地利用方式，农户效率的影响因素也存在差异，具体而言，经营用材林农户生产效率主要受劳动力数量、家庭住房价值、能人数量、对林地未来的调整预期等影响；经营经济林农户效率主要受劳动力数量、林地块数、融资渠道、对林地未来的调整预期等影响；经营竹林农户效率主要受农户受教育程度、劳动力数量、林地块数、林地面积、家庭住房价值、融资渠道、对林地未来的调整预

期等影响。

⑥生计资本对农户林业收入具有直接影响，农户林业收入受到生计资本分维水平及结构的制约。农户资本禀赋越丰富，越有助于改善家庭的生计状况，对提高林业收入具有明显作用，其中自然资本和金融资本正向影响农户家庭林业收入，对收入增长具有促进作用。在结构分析中，人力资本占优和金融资本占优通过了显著性检验，表明不同资本结构对农户家庭林业收入具有显著影响效应。此外，生计资本分维水平和结构对不同林地利用方式农户收入影响具有异质性。人力资本和社会资本与收入之间存在非线性关系。当人力资本低于门槛值 0.521 时，人力资本对林区农户林业收入的作用并不显著；当人力资本高于门槛值 0.521 时，人力资本对林区农户林业收入具有显著的正向影响；此外，当人力资本高于门槛值 0.521 时，自然资本能够显著增加林区农户林业收入；而无论人力资本处于何值，金融资本均对林区农户林业收入具有显著的正向影响。当社会资本低于门槛值 0.188 时，金融资本对增加林区农户林业收入影响不显著；当社会资本高于门槛值 0.188 时，金融资本能够显著增加林区农户林业收入。

⑦根据实证研究结果，提出相关政策建议。一是要充分发挥林业扶贫作用，提高农户林业收入水平；二是要实施差异化生计策略，优化农户生计资本结构；三是要重建农户社会关系网络，充分发挥社会资本优势；四是要关注农户林业政策感知，营造良好林业生产环境；五是要大力促进农户林地流转，发展适度规模经营；六是要不断完善林权改革配套措施，着力提升农户金融资本。

目　　录

第1章　导　　论

1.1　研究背景

长期以来，我国林业被定位于产业部门以提供木材为主导，森林资源管理以林木资源管理为中心，使得我国森林资源锐减，生态环境不断恶化。20世纪80年代，我国农村实行土地制度改革，在耕地和林地上实行家庭联产承包责任制，在物质产品极度匮乏的状况下调动了农民的生产积极性，大大缓解了长期未能解决的群众温饱问题。而林地作为可替代的耕地后备资源，表现出较弱的资产专用性，简单"分林到户"的产权安排赋予了产权主体追求利益最大化的空间，激发了农户超计划生产的"分配性"努力，由于没能帮助人们形成经济行为的稳定预期，无法克服机会主义行为，导致了农户快砍快卖、多砍多卖的严重短期行为，乱砍滥伐、破坏森林现象严重，森林资源的过度开发严重制约了生态安全和保障能力。进入21世纪，我国经济增长对资源的消耗已经超过生态环境的承载能力，资源与环境约束趋紧成为我国面临的突出挑战。目前，我国经济增长对资源的消耗已经超过了生态环境的承载能力，生态赤字加剧，经济发展和生态环境失衡，增长难以为继。生态环境与社会经济发展的关系也发生了根本变化，生态环境成为社会经济发展的内部要素和硬约束，必须通过实施生态保护与修复，来提高生态环境承载力。

林地是森林资源的重要组成部分，是森林存在的基础和依托。我国林业用地约占国土面积的27.8%，集体林地面积占整个林业用地面积的61.36%，是提高我国生态环境质量和承载力的重要基础，也是生态保护与修复的重要依托。随着林业生态工程的实施以及国有林区、国有林场发展模式由木材生产为主向生态保护和修复为主的转变，由利用森林获取经济利益为主向提供生态产品和服务为主的转变，有效遏制了生态环境的恶化。集体林区已经成为我国木材和其他木质产品的主要生产基地和林产品有效供给的重要依靠，集体林业发展的关键在于集体林权制度改革。集体林权制度作为农村集体所有制的集中体现，经过土地改革、合作化和人民公社化后初步确立下来，其核心是集体林地的产权制度。集体林权制度改革的本质是集体林地产权制度的不断演化和创新过程，也是与林地制度相适应的各项配套制度不断建立和完善的过程，集中反映了不同阶段我国集体林业体制机制创新的探索和实践。在经历了多次变迁之后，目前，以明晰产权、承包到户、放活经营权、落实处置权和保障收益权为核心内容的集体林权制度主体改革已基本完成，我国27亿亩集体林地已基本完成确权发证，近5亿农民获得了集体林地承包经营权，这在促进林业发展、农村振兴和农民致富等方面发挥了巨大作用。集体林权制度改革虽取得了一定的成效，但林地的市场交易行为(徐冬梅等，2019)、农户资金投入积极性(李娅等，2007)以及林业生产效率(陈妮等，2018)等并未如政策预期，林业生产力低下、林业产出效率不高、林业用地大量流失、林区农户收入低且经济发展落后等问题依然制约着林地的可持续利用及林业的可持续发展。

关于农户生计及其对土地利用的影响问题一直是国内外学者关注的热点(Murray，2001；王成超等，2011)。农户作为农村经济活动的微观经营主体，在一定的脆弱性环境下以所拥有的人力、自然、物质、金融、社会等生计资本能力和对资产的可及性去开展经济活动，生计资本的性质和结构决定着农户的生计策略选择，而生计策略选择和演变关系到农村社会经济发展及农户生计方式，会对自然资源利用和保护产生影响(Soini，2005)。随着工业化和城镇化进程的不断加快，农户的生计方式也由传统农业向兼业方向和非农方向发展，农户分化趋势日益明显，农户间的生计资本差异也逐渐拉大，农户对经济机会的响应是驱动农户生计方式改变并影响土地利用变化的最终因素，不同类型农户对市场、政策等外部环境的响应以及引起的土地利用决策也必然会有差异。把农户生计和土地利用联合起来从农户角度研究土地利用及农户收入问题成为新的研究热点。国内外学者从可持续生计分析框架出发，展开了大量研究，研究内容包括农户生计多样化与土地利用关系(Schut et al.，2016；Holden et al.，2004；Clay et al.，1998；Koczberski et al.，2005)、人文系统的脆弱性及人与环境耦合系统的脆弱性(Eakin et al.，2006；Paavola，2008)、生计资本视角下的农户收入不平等(李聪等，2019)、生计策略(王彦星等，2014；刘俊等，2019；刘精慧等，2019)、农户意愿(谢先雄等，2019；龚冬生等，2019；徐玮等，2017)以及生计满意度(袁东波等，2019；赵雪雁，2011；王阳等，2017)等，也有学者从人力资本(薛彩霞等，2017；杨水生等，2018)、林业产权制度与林地流转(王翊嘉等，2019；杨扬等，2018)等方面研究林地利用的效率问题。

在农户林地利用的过程中，农户对林地资源的开发利用目的是效率与收益，他们可能只从自身经济利益出发考虑生产、消费和投资，而忽略了经济过程中的生态环境要素。从资源经济学的角度来看，森林资源是介于私人产品和公共产品之间的“准公共产品”，森林资源的经济、社会、生态效益是融合在一起的，因此市场机制的基本原则适用于林业，林业经济中的市场失灵问题与其他行业没有本质区别。(朱永杰，1999)由于森林资源的准公共物品特性以及市场机制不完全和作用有限，导致公共资源得不到有效配置，仅仅依靠市场机制作用难以保证农户对林地利用的持续性，如限额采伐制度的实施，导致原木的供给并非由市场决定，而是由林业部门制定，市场调节机制在原木市场上的作用就是失灵的。此外，林业经济的外部性是客观存在的，但以生产林产品为主的林业经营者实际上并不真正关心外部经济问题，林业经营者为获取较大的直接经济利益，可能会造成不可挽回的外部不经济问题，在此情况下政府干预和规制有助于确保资源配置的高效率和利用者的公平利用，但由于各种原因，政府干预和规制也会如市场失灵一样出现问题。市场失灵和政府失灵的存在，使得从农户自身生计资本角度系统、深入研究农户行为、林地利用及其林业收入间的关系显得尤为重要。已有研究从生计资本水平出发，研究表明，生计资本影响农户的社会治理参与行为(张翠娥等，2016)、秸秆处置亲环境行为(朱清海等，2018)、耕地利用行为(王亚运，2018)，生计资本是农户行为与决策的重要影响因素，生计资本的积累程度直接影响着农户对事物的认知，进而影响农户行为决策；也有学者从生计资本结构角度探讨了对绿色生产行为的影响，认为生计资本结构差异会带来综合资本禀赋效应的不同(张童朝等，2017)。那么，在集体林权制度改革后以及现有非农化进程下，不同类型农户的生计资本是否存在差异？生计资本差异如何影响农户的林地利用方式、集约度及效率？生计资本对农户林业收入的作用关系如何？如何把林业经营农户的短期生存质量和长期可持续生计发展能力结合起来？这些问题都需要我们去研究解决，从而为促进地方经济和林业健康发展提供科学理论依据，对这些问题的研究具有重要的理论和现实意义。

基于此，本书在非农化进程下从生计资本水平与结构的双重视角出发，立足农户行为理论、生计资本理论、要素禀赋理论等，利用林业经营农户的一手调研数据，对生计资本与林地利用及收入相关问题展开研究。首先，梳理了我国林地资源开发与利用的现状，并描述了样本农户的特征，提出在林地利用中存在的问题；其次，对农户的生计资本进行综合评价，比较不同类型农户生计资本水平和结构差异；再次，运用多项 Logit、分位数回归、DEA-Tobit 等计量模型实证研究生计资本水平和结构对农户林地利用决策、利用集约度和利用效率的影响，揭示不同类型农户生计资本对林地利用的作用机制，在此基础上探索生计资本对农户林业收入的作用关系；最后，根据研究结论提出合理利用林地及助力农户增收和提高可持续生计能力的相关政策建议。

1.2 研究目的和意义

1.2.1 研究目的

林地粗放利用与农户生计单一等问题突出，成为制约林业发展的瓶颈。为引导农户林地可持续利用，本书依据农户行为理论、要素禀赋理论、可持续生计理论、土地集约利用理论等，沿着“生计资本—林地利用方式、集约度—林地利用效率—农户林业收入”这条逻辑主线，从生计资本水平和结构两个层面深入探讨生计资本对林地利用的影响程度及对收入的影响途径，旨在通过理论分析和实证研究，为优化农户生计资本结构、提高林地利用效率和农户可持续生计能力提供理论指导和经营支撑，具体目标如下。

①以可持续生计资本分析框架为指导，从生计资本不同维度构建农户生计资本评价指标体系，利用微观农户调查数据对农户进行生计类型划分，比较不同类型农户生计资本水平差异和结构差异。

②构建生计资本影响农户林地利用的理论分析框架，运用计量经济学模型实证检验生计资本对农户林地利用方式、利用集约度和利用效率的影响。

③在生计资本通过影响林地利用方式、集约度和利用效率的研究基础上，探讨生计资本对农户林业收入的影响路径，从生计资本角度提出提高林业经营农户收入水平和优化农户收入结构的合理建议。

④结合理论分析和实证研究结果，从提高农户生计资本水平和优化生计资本结构两方面提出提高林地利用集约度、林地利用效率和农户可持续生计能力的路径选择，为维持生态安全与经济社会发展提供理论依据和指导。

1.2.2 研究意义

我国生态脆弱区分布面积大，脆弱生态类型多样，生态脆弱性表现明显。林区一般多位于贫困山区，具有经济发展水平低和生态环境脆弱的双重特点，兼业是目前林区农户的主要生产经营方式，与家庭其他类型收入相比，林业收入的增幅比例明显过低，由于农户不合理的林地利用方式及林业生产经营结构配置，使得收入差距不断扩大。从生计资本水平和结构两方面研究生计资本对农户林地利用及收入的影响，有助于从农户内生动力方面缓解目前林业发展滞后矛盾。该研究具有重要的理论和现实意义。

(1)理论意义

有助于丰富林业生产农户的可持续生计相关研究。在目前有关生计资本或农户林业经营行为的研究成果中，大多基于农户同质性假设前提且从生计资本单一要素出发研究林地利用意愿及行为问题，对农户生计资本影响生产实践活动缺乏全面系统的分析，而将生计资本和微观农户林地经营利用及绩效相结合的研究并不多见。本书根据林业生产经营实际及相关理论研究成果，基于微观经营农户视角构建了一个“生计资本—林地利用—林业收入”的理论分析框架，并在这一框架下实证检验了生计资本对其影响的作用机制，这一研究可以补充生计资本理论的研究内容，为政府制定促进农户生计多样化发展政策提供理论依据。

(2)现实意义

可以为探索实现集体林区农户生计和林业经济发展两者的可持续性提供实证支撑。林业是劳动密集型行业，就业门槛低，可为林农提供大量就业机会，实现家门口就业创业，然而较低下的生产力水平一直制约着集体林业的经营发展。本书从农户的生计资本入手，实证分析了生计资本在影响林地利用方式、集约度和效率方面的差异，进一步明确了生计资本对林地利用的作用程度，从而为提升林业生产力水平和林业经营绩效找到相关制约因素，为完善国家林地利用效率提供政策建议。另外，研究生计资本对林区农户收入的影响，能够为激发林农内生发展动力，突破自身资本禀赋限制，提高林区农户生计能力提供相应建议，对林区落实乡村振兴战略也具有重要的现实意义。

1.3 国内外研究动态

1.3.1 集体林权制度改革与农户生计

1.3.1.1 集体林权制度改革

中华人民共和国成立之初，经过土地改革、合作化和人民公社化，作为农村集体所有制的集中体现，集体林权制度得以初步确立，其发展经历了国有制和多种所有制并存两大阶段。从历史脉络来看，奴隶社会森林、林地实施“王田制”，即森林、林地归国家所有，禁止交易和采伐行为。到了西周末期，随着奴隶制度的瓦解，林地开始私有化。随着封建社会的逐步发展，森林、林地形成了国有、公有和私有并存的格局。1840 年鸦片战争之后，中国沦为半殖民地半封建社会，山林所有制形式又表现为国家、官僚资本、买办资本、宗族和地主所有。在中华人民共和国成立前后的土地改革时期，恢复了森林和林地归农民所有的所有权、使用权、收益权和处分权，中央相关文件也支持促进林业的互助合作，农户通过生产资料共用、生产成果共享等提高了抗风险能力和生产效率，促进了林业生产的集约化和规模化经营。1953—1956年，中央在互助合作基础上依次发展林业初级合作社、林业高级合作社以及人民公社，其森林、林地的林权权能配置又进一步发生变化，直至1961年，中央明确“林木的所有权必须长期固定，划清山界，树立标记，不再变动”，才标志着我国集体林业制度的基本形成，虽在十一届三中全会后撤销人民公社，恢复乡村建制，但其集体林业制度并没有发生实质性改变。

集体林权制度在不断进行着改革探索，从两权分离到落实林业生产责任制再到吸引社会组织来兴办林业，为集体林权制度的全面推进提供了宝贵经验可供借鉴。1981年的林业“三定”时期，稳定了山林权，划定了自留山，制定了林业生产责任制。对于国家所有、集体所有或个人所有以及其他部门和单位拥有的林木和使用的林地，凡权属清楚的，都应予以承认，颁发林权证，以保障所有权不变。对于自留山所种植的树木，永远归社员个人所有，允许继承；而集体所有的自留山，农户享有经营权，不得出租、转让或买卖，遵循“生不补、死不收”的原则。20世纪80年代中期，一些地区在生产责任制不断完善和创新的基础上开始探索实行林业股份合作制，原则为“分股不分山、分利不分林”，在一定程度上实现了林业的规模化经营，提高了林产品市场竞争力和经营绩效。一些地区对“四荒”等土地的使用权进行拍卖流转，实现了“四荒”开发经济效益与生态效益的结合，推进了荒山绿化进程。中国林权制度的形成，基本经历了4个阶段：林权的初始建立、集体林权的形成和发展、集体林权分散经营与统一经营的抉择、集体林权制度的确立和深化改革。(贾治邦，2012)其过程曲折、复杂，但是总体取得了一定的改革成效。

1.3.1.2 农户生计相关研究

(1)生计及可持续生计的内涵

关于生计概念的内涵和外延并不是十分明确，不同学者有不同的见解，但大多数将其理解为“谋生的方式，以能力、资源和享有的权利为基础而采取的维持生存的自由活动”。Scoones(1998)认为，生计是由人的能力、一定的社会资源和物质资源以及维持生活所开展的价值行动组成。Ellis(2000)在农村生计多样化研究中，注重生计的复杂性和具体性，将生计定义为农户在对自然、物质、社会等资源依赖下追求创造生存所需的收入水平，并为此采取不同的行动。可持续生计的概念最早出现在20世纪80年代末世界环境和发展委员会的报告中：“能够满足基本生活需求的食物储备与现金流，并能提高以维持长期的资源生产率。”此后，可持续生计的概念被广泛接受和应用，先后被联合国环境和发展大会以及哥本哈根社会发展世界峰会使用。国外学者对可持续生计进行了更为全面的界定和补充，目前被广泛使用的概念是由 Chambers 和 Conway(1992)提出的：“生计的可持续性应是在应对各种外部压力和冲击时，生计能够在不破坏自然资源的同时得到恢复，且在这一过程中能够维持并增强现有的和潜在的生计资本。”

(2)可持续生计分析框架研究

Amartya Sen的可行能力理论核心是，一个人的自由是由生活之中的可行能力决定，可行能力又决定了人们的价值行动，通过价值行动实现各种不同生活方式的自由。在此理论基础上，研究机构和人员结合不同的生计概念、各自的发展理念以及追求目标，提出了多种不同名称的生计分析框架，如Scoones(1998)提出的包含生计资本、生计策略和生计后果的生计框架；Bebbington(1999)提出的生计分析框架则以资本和能力为核心，重点关注农户生计、农民脆弱性和贫困等问题。机构组织，如美国关怀国际(CARE)、乐施会(Oxfam GB)、英国拯救儿童机构(Save the Children)、国际发展协会(SID)等也都提出了针对自己的具有可操作性和目标性的生计分析框架。在众多可持续生计分析框架中，最具影响力且使用最为广泛的是英国国际发展署(DFID)提出的可持续生计分析框架(SLA)，它将农户生计的脆弱性、生计资本、生计策略、政策制度环境和过程对农户生计的影响以及生计输出对生计资本的反作用放入一个分析框架，强调了农户生计策略过程中政策制度环境的影响作用，又突出了个人或家庭在脆弱性环境下形成生计的不同因素，以人为本，在实践中被证实是改善农户生计的可行范式。可持续生计分析框架虽然形式多样，但作为分析影响贫困人口生计复杂因素的一种工具和方法，强调外部环境和政策干预对农户可持续生计的影响，并将农户生计的多样化和可持续化作为其发展的目标，为研究农户林地利用问题提供了新的思路和分析视角。

(3)生计资本及其测度研究

基于不同的可持续生计分析框架，国内外学者对生计资本的划分也不相同。Chambers(1992)将生计资本分为有形资本(如对劳动工具、实物财富等的储存)和无形资本(如拥有资产的权利、自由行动的权利、人脉资源等)两种类型。Moser(1998)从个体的劳动、人力资本、房屋和建筑物、社会资本、家庭关系五个维度对生计资本进行划分。然而，国际上公认的生计资本划分是英国国际发展署依据可持续生计分析框架，分为人力资本、自然资本、物质资本、金融资本和社会资本五大类。随着对生计资本的深入研究，国内外众多学者在可持续生计分析框架下对其进行了改进和补充，如刘玲等(2019)将可持续生计分析框架应用到乡村旅游的研究中，结合乡村旅游特点和农村特点对其改进和修正，将乡村旅游地农户的生计资本扩展到七类，增加了制度资本和认知资本；张朝辉(2019)在分析生计资本对农户退耕参与决策的影响机制中增加了心理资本。Berkes和Folke(1992)基于布迪厄的文化资本理论，在生计资本研究中增加了文化资本。生计资本的范畴在众多学者的研究下得到了不断的丰富和拓展。

通过生计资本去研究农户的生计脆弱性、生计现状以及生计策略具有重要意义，但前提条件是对生计资本的准确测度。有关生计资本测度的研究方法主要集中在描述性统计和指标量化分析两种，前者主要是选择能够体现生计资本的相关指标对农户的生计资本状况进行评估；后者是通过建立科学的生计资本评价指标体系，通过指标权重的赋值来计算各生计资本的数值，反映农户所拥有的生计资本水平。国内外众多学者开展了生计资本的量化研究，Sharp(2003)是最早提出生计资本量化测度研究方法的，他通过构建不同的生计资本评价指标体系，对埃塞俄比亚农户的生计资本进行了测算。在国内，有对旅游区农户(贺爱琳等，2014)、被征地农户(丁士军等，2016)、计划生育家庭(杜本峰等，2014)、农牧交错区域(道日娜，2014)、异地扶贫搬迁农户(朱永甜等，2020)、自然保护区农户(胡国建等，2018)、林业经营农户(李琳森等，2019；池文芳等，2014)等的生计资本状况进行的量化研究。

在生计资本评价指标的选取上，需要结合研究区域和研究对象的特点，如在自然资本指标的选取上有林地面积(李琳森等，2019；沈宁等，2020)、农田面积(黎洁等，2009)等；在物质资本指标的选取上有房屋面积(李军龙等，2013)、通信设备(段伟等，2015)、交通设施、牲畜等；在金融资本指标的选取上有总收入、人均纯收入、补贴收入(杨云彦等，2009；刘畅，2019；袁梁，2019)等；在人力资本指标的选取上有户主教育年龄、户主健康状况、劳动力比重、是否参加培训等(杨均华等，2019；斯丽娟等，2019)；在社会资本指标的选取上有能人数量、礼金支出(王恒等，2019)、与邻居交往程度(丁冬等，2013)等。

(4)生计策略及其影响因素研究

生计策略是家庭依靠生计资本要素，以追求积极的生计产出或实现生计为目标，对自身拥有的生计资本进行组合并使用，来参与不同的生计活动。生计策略的多样化体现了生计多样化，农户家庭生计多样化的原因可能是为了规避风险、应对外部危机、实现生计策略间的互补、实现个人或家庭效应的最大化，或者是为了保持资本禀赋和技术能力的相对优势(Barrett et al.，2001；Yemiru，2011)，但无论出于何种原因，其所带来的分散风险、降低农户脆弱性、保障食物安全和增加资本积累的优势是显而易见的(Block and Webb，2001)。

按照生计策略衡量目标的不同，农村家庭的生计策略也可以划分为多种不同的生计策略类型，如集约化策略、扩张型策略、迁移型策略和多样化策略(Scoones，1998)，也有以收入种类对生计策略进行划分，以及以劳动力配置来对农户的生计策略进行划分。对劳动力配置的划分又分为两种：一种是劳动力在农业和非农业生产中的时间配置；一种是劳动力在农业和非农业生产中的职业划分。于艳丽等(2019)从农户职业分化和收入分化两个维度出发，研究了对茶叶地理标志保护区农户绿色生产知识素养的影响，指出收入分化能够促进农户绿色生产知识素养，但职业分化对农户绿色生产知识素养有直接的抑制作用。周升强(2018)将东、中、西及东北四大区域样本农户按照人均纯收入进行由高到低的排序，并按照等距法的收入划分来对农户的生计资本进行测算。也有学者对生计策略的影响因素进行了研究，如刘卫柏等(2019)研究了产业扶贫对民族贫困地区农户生计策略的影响，指出地方政府在产业扶贫中实施的技能培训、免费供种、贴息贷款等措施引导和影响了农户的生计策略。

(5)生计资本与生计策略间作用关系研究

可持续生计领域的另一研究重点集中在生计资本与生计策略的作用关系上。农户个人或家庭的生计资本数量和结构决定着农户个人或家庭对生计策略的采纳和调整，是生计策略选择和抵御风险的基础(何仁伟等，2014)，农户拥有的生计资本不仅影响着生计活动，更影响着生计策略(赵雪雁等，2011)，而长时期内生计策略结果也会影响生计资本(DFID，2000；Eills，2000；Babulo et al.，2008)。Yemiru(2011)以埃塞俄比亚农户为对象，实证研究了农户所选择的生计策略与自身拥有的生计资本之间的关系。Stifel(2010)

利用 MLM 模型分析了农户选择非农化生计策略的影响因素，指出教育、金融信贷以及生产性资本是其主要制约因素，其水平和可得性的下降不利于农户的非农化活动。伍艳(2016)对贫困山区农户生计资本对生计策略的影响进行研究，表明不同生计策略的选择取决于农户所拥有的生计资本。道日娜(2014)以内蒙古东部四个旗为例，运用二元 Logistic 模型对农牧交错区农户的生计资本与生计策略关系进行了实证研究，得出农户牲畜存栏量与生计多样化选择负相关，而农户社会网络与生计多样化选择正相关。

通过以上国内外学者的相关研究，可以看出，虽然对农户生计问题的考察维度不同，但对生计资本、生计策略以及二者间关系的研究已经成为农户问题研究的重点，同时也是一个新的研究角度，现有研究也得出了很有益的结论、建议以及对后续研究的启示。

1.3.1.3 林权制度改革与农户生计

孙妍等(2006)对江西省集体林权制度改革第一阶段的绩效进行了评价，指出农户是集体林权改革的最大受益者，集体统一经营的山林面积向农户手中转移，单户经营是农户主要的经营形式。集体林权制度改革主要通过产权的完整性和安全性来提高农户的经营积极性，进而影响其在林业生产中的资金和劳动力投入(孔凡斌，2008；徐晋涛等，2008)，最终影响农户的经营绩效(吉登艳等，2015；孔祥智等，2016；Xu et al.，2010)。郑风田和阮荣平(2009)的研究表明，林改后农户在林业生产过程中的劳动力总投入、亩均劳动投入以及由于林地面积增加而引致的雇工投入都大幅增加。李娅等(2007)通过对江西省三个典型案例村的分析发现，林权制度改革取得了一定的成效，林业劳动时间、林地资金投入都有增加，农户的满意度也有所提升。然而，稳定的产权并不一定会带来农户投资林业的积极性，林地流转、林权抵押贷款、林业社会化服务等林权制度改革配套政策的滞后也会降低农户的林业生产积极性。何文剑和张红霄(2014)指出，不同的产权结构对农户是否造林、农户的造林面积以及造林投入的影响程度不同，现有林权制度改革政策确实激励了农户造林的积极性，但并未对其投入程度起到促进作用。

林权制度改革提高了与农户生计直接相关的林业收入。贾志邦(2007)指出，林权制度改革通过规模经营和集约经营提高了农户的林业经营收入水平。也有学者指出，林户收入增加并非仅仅得益于对林地和林木等森林资源的直接变现，也得益于林业税费的减少、木材销售价格的提高。(孔凡斌，2008)还有学者持相反观点，如刘小强等(2011)研究指出，仅林权制度改革对增加农民收入的影响并不显著。随着农户职业分化和收入分化的加深，农户的林业投资行为发生了很大程度的变化，张寒等(2016)利用全国 9 省面板数据研究了林权制度改革后林地面积增加对农户营林积极性的因果效应，结果显示，林地面积增加促进农户营林积极性提高的过程是一个缓慢的动态调整过程，资本对劳动的替代与非农就业行为密切相关。为了增加林区农户收入，改善生计，缩小城乡差距，林区农户通过配置所拥有的生计资本从事不同的生计活动，形成了不同的生计策略，拥有了更多生计选择权。(杨扬等，2019)可以看出，在集体林权制度改革的大背景下，农户的林地利用方式和行为发生着动态变化，有必要从生计资本角度深挖林业经营收入的内在影响机制。

此外，也有针对林业政策与农户生计间的关系进行的研究。自然、政治、经济背景作为英国国际发展署可持续生计分析框架的一个重要内容，环境、政策也成为影响农户生计的关键。在中国，生态环境重要和脆弱地区一般多为贫困地区，为统筹解决生态环境保护和贫困地区脱贫问题，研究者和决策者们广泛关注环境政策工具。农户作为生态补偿政策实施的客观主体，其自身生计状况不可避免地会受到生态补偿项目的影响。同时，生态补偿与农户生计的关系非常复杂。国外许多学者就生态补偿对农户生计与贫困的影响展开了许多研究，得出正反两方面的结论，具有一定的借鉴意义。大部分学者认为，生态补偿对农户的生计产生正向影响，对农户生计的改善具有积极作用。Pagiola 等(2005)研究认为，生态补偿可以有效降低生态环境保护者的贫困程度，且消贫效果明显。Porras（2010）的研究认为，环境保护计划具有减贫效应，实施环境保护地区的农户收入得到了明显的改善。退耕还林工程作为我国大型的生态保护工程之一，承担着生态保护和生态脱贫的双重责任，是一种有效的环境政策工具，受到了学者们的广泛关注。朱长宁等(2014)分析了退耕还林对西部地区农户收入的影响，指出退耕还林继续推进及相应配套措施出台，对增加农民收入具有显著的正效应；张炜等(2019)在检验退耕还林收入效应和空间异质性基础上，剖析了退耕政策影响农户收入的作用机制。李国平等(2017)通过比较习惯性收入、城乡收入和乡乡收入来研究收入对农户主观经济福利所造成的影响。也有关于退耕还林精准扶贫效果的量化研究，研究指出退耕还林工程显著降低了农户贫困发生率，脱贫效果明显。(杨均华等，2019)部分学者认为，生态补偿会对农户的生计产生负向影响。Landell-mills 等(2002) 研究认为，生态补偿政策的实施不一定有利于穷人生计状况的改善，贫富差距的扩大对穷人的生计改善起到抵消作用，因此对穷人的减贫效应并不明显。受退耕还林增收、减贫和可持续性效应局限性影响(段伟等，2018)，经济发展比退耕户获得的直接津贴效果更显著(徐晋涛等，2004)。郭晓鸣(2005)的研究表明，退耕农户的生活水平基本不变或者下降。可见，生态补偿对农户的生计影响是复杂的，林业政策对农户生计的具体效果应该针对不同情景做具体分析。Perez 等(2007)研究认为，生态补偿对地区发展和农户生计改善存在正向促进作用，但也会存在负向效应。Pagiola 等(2005)研究认为，生态补偿对农户的影响包括直接的收入影响和间接的非收入影响，非收入影响主要表现在社会资本、文化关系等方面。我国学者在退耕还林实施农户的研究中也发现存在“幸福悖论”现象，即收入增加但生活幸福度不高，主张应更多关注农户在退耕还林中获得的主观福利效应，即对生活质量、健康、环境、就业、收入和社会关系等方面的满意度。张连刚等(2019)的研究指出，提高退耕还林农户的利益补偿满意度、技术支持满意度、政策稳定性满意度和自我能力发展满意度，有助于退耕还林工程的可持续发展和农户生计的改善。

1.3.2 农户层面林地利用研究

1.3.2.1 林地利用方式研究

在知网中搜索“利用方式”关键词，文献多集中于自然科学类，而且不同学者对于利用方式的定义也各不相同，有指对土地的利用类型，如文孝丽和朱新玉(2020)将土地利用方式划分为林地、农田和荒地三种；郑杰等(2019)将土地利用方式分为梯平地、城镇用地、坡耕地、草地和林地；秦川等(2016)将三峡库区土地利用方式分为坡耕地、人工林、荒草地和经果林四种。也有指对林地利用的经营方式或经营类型，如李琳森和张旭锐

(2019)将林地的利用方式划分为林下种植养殖型、林木生产型、森林旅游型、种苗花卉型、林地转出或抛荒型五种；葛玉娟等(2020)将林地利用方式划分为传统农地利用方式和新型农地利用方式两种，传统林地利用方式指粮食作物种植，新型林地利用方式指园艺作物种植；刘志飞(2015)将农户的土地利用方式分为粮食种植、粮食和经济作物共同种植、经济作物种植、土地转出或抛荒四种。

上述分类中如果将林地转出或抛荒这一利用方式排除，那么林地利用方式都是有经营投入的，也才有集约度的问题。但林地流转作为林地利用的一种特殊方式，在农户分化的大背景下也确实是存在的，因此也有必要对林地流转的影响因素以及流转的意愿、偏好和行为研究进行梳理，有助于更好地把握林地利用方式的内涵和外延。国外林地流转工作开展的前提条件是产权的私有化，双方在市场交易的过程中始终保持着买卖权和抉择权的自主性和独立性，影响林地流转的因素即影响林地交易的因素。在影响因素的研究方法上，以描述性统计为主，定量的实证研究较少。从出售方的角度出发，影响林地流转的因素主要包括企业的战略调整和税收政策以及企业合并、债务重组等；从购买方角度出发，影响林地流转的因素主要包括林地资产属性和林地的多元化投资机会以及通货膨胀、进行森林康养娱乐等。Jin 等(2009)指出，林地流转对于农户改善经济状况，提升收益创造效率具有重要作用。国内学者对林地流转影响因素的研究，多采用实证计量的分析方法，如颜宇琪(2019)通过 Logistic 模型对湖南省 250 户农户调研数据进行实证分析，得出影响农户林地转入和转出的相关因素，如是否参与养老保险、林地总面积等。徐秀英等(2010)的研究发现，户主年龄较小的农户是林地流转的主要需求者，文化程度高的农户趋向于流出林地，农业劳动力数量少的农户会将林地向劳动力数量多的农户流动，此外，家庭成员中是否有村干部、家庭收入水平以及非农化程度等也是影响农户林地流转的重要因素。

农户的林地流转意愿是其流转行为发生的前提与基础。学者们从行为能力(史若昀等，2017)、职业分化(冉陆荣等，2019)、收入分化(冉陆荣等，2019)、计划行为理论(袁茜露等，2017；卢秋佳等，2018)等不同视角对林地流转意愿进行了研究，研究指出，收入水平分化、收入结构分化、收入水平和结构的交互项、职业分化、排他能力、交易能力、处置能力、对林权改革的满意度等因素显著影响林地流转意愿。也有学者从意愿强度差异视角对林地流转的行为决策过程进行研究，如徐冬梅等(2019)指出，参与林地流转行为过程主体的意愿强度差异会导致行为策略选择存在差异，要提高林地流转效率，需要考虑供给与需求两个参与主体的意愿及其强度。也有学者对意愿到行为的流转机理进行了研究。(李怡等，2014；陈飞等，2015)

集体林权制度改革的初步完成，落实了农民的林地承包经营权，解决了产权和公平问题，有效调动了农民经营林业的积极性。随着工业化、城镇化的深入推进，农村劳动力大量转移及林地“三权分置”工作的实施，极大地推动了林地的流转，降低了林地细碎化程度，通过对林地资源的有效整合，增强了林业活力，并提升了林业效益。然而，现实中林地流转无论从规模、速度还是比例上，都还处于较低水平，林农的林地市场交易行为和政策预期相差甚远。对此，国内学者从兼业化程度、林地资源禀赋、产权制度安排、社会经济环境、家庭及个人特征因素等方面进行了解释，并且已经注意到农户非农化对林地流转的影响，但仍然存在争议。已有研究发现，农民对耕地的产权认知以及外部环境会影响农地产权制度的有效性和实施效率(徐美银等，2008)，当现行的征地政策与农户产权认知的预期经济利益出现矛盾，加之交易成本上升，直接影响其土地流转意愿和行为。罗明忠等(2016)根据农户的职业分化对农户进行类型划分，并指出不同类型农户与农地流转意愿的关系，纯农业户在农地的流入方面具有较强的意愿，农业兼业户和纯非农户在农地的流出方面具有较强的意愿。林地的流转，同样也受到了农户的异质性影响，如非农化程度、家庭收入水平等，张蕾等(2013)对农户收入多样性水平与林地流转行为进行了交叉分析，研究表明，两者之间具有显著的相关关系，即非农化收入对林地流转产生显著影响。一般而言，非农化程度低的农户，其非农化收入不足以超过农业收入，而成为林地流转的主要需求者；非农化程度高的农户，非农化收入超过农业收入，是林地流转的主要供给者。但也有研究指出，非农化收入不一定对林地流转产生积极影响，这是由林业产权内容复杂性及林业生产经营的特殊性造成的，非农业高收入者一旦认识到林业在自然力作用下区别于农用地特征的自然增值部分，则会选择保留而非流转出林地。可以看出，异质性农户会产生不同的林地流转行为选择，已有研究探索了非农化、兼业化和收入来源结构对农户林地流转行为的影响。(张寒等，2018；高岚等，2018；史若昀等，2017；司亚伟等，2017)

1.3.2.2 林地利用集约度研究

国内外学者关于集约利用及集约度的研究对象主要集中在城市土地、耕地等方面，在城市土地利用的研究上，Capozza et al. (1994)提出，城市不同用途的土地集约利用需要以土地利用理论为基础，Fonseca et al. (1981)构建了包括密度、容积率、建筑密度等在内的衡量土地开发效率的评价指标体系，用来评估土地的最大开发利用强度。Brueckner (2000)指出，城市中心的土地集约利用水平正在由中心向外围递减，在集约利用程度上大城市要高于小城市。彭建超等(2008)在对土地利用集约度内涵把握基础上构建了长三角地区城市土地利用集约度评价的指标体系，运用 GIS 空间分析技术对土地利用集约度区域分析进行了研究。于尚云和郭建科(2014)以辽宁省 14 个地级市作为研究对象，构建城市土地利用集约度评价指标体系，采用 BP 神经网络模型对土地利用集约度的时空变化进行了分析和解读。也有学者研究了城市土地利用集约度的影响因素，指出影响城市土地集约利用的因素包括但不限于人口数量的增加(Maxim，2002)、土地利用规划与管理(Hasse et al.，2003)以及环境变化和经济决策的影响(Simon et al.，2012)。在农村耕地利用的研究上，Turner et al. (1978)认为，复种指数和种植密度可以在一定程度上反映土地的集约利用程度，农业土地的集约利用可以提高生产效率，改善不断退化的生态环境(Richard et al.，2008)，但会减少生物多样性(Donald et al.，2001；Ian，2008)，同时会导致土壤退化(Irina et al.，2008；Ali et al.，2012)。相较于国外对土地集约利用与生态环境和生物多样性影响的重视，国内对耕地集约度的研究主要集中在耕地利用集约度的对比、变化趋势、对粮食产量的影响、时空演变差异、驱动因素分析、土地集约利用行为差异等方面。马聪和刘黎明(2019)运用实物形态法和综合指标法相结合的方法核算了不同经济发展水平地区的耕地利用集约度，指出不同地区的耕地利用集约度存在明显差异，政府应该根据当地实际情况采取提高耕地集约利用水平的相应措施。赵京和杨钢桥(2012)运用逐步回归和通径分析等多元统计分析方法，对湖北省 1990—2008 年的耕地利用集约度变化以及驱动因素进行了研究，研究表明，耕地利用集约度总体上稳中有升，耕地利用集约度的驱动因素不仅仅包括经济发展水平，还受到自然资源、技术条件和政策制度等的影响。于元赫和李子君(2017)通过分析山东省1993—2014年耕地利用集约度总体和各投入要素集约度的时空变化特征，指出全省耕地集约利用水平空间差异明显，总体上呈"东西高，南北低"的特点，姚冠荣等(2014)从宏观层面对我国耕地利用投入要素集约度的时空差异进行了研究，指出国家尺度上的劳动力集约度逐年下降，而资本集约度呈现上升趋势，除劳动力集约度中部地区最高以外，资本集约度均以东部地区最高，中部地区次之，东北和西部地区呈最低分布，表现出了较大的时空差异。

相对于农业耕地，林业的经营集约度差异很大(周本琳，1987)，林业生产中用到的立地指数、立地条件等并非针对某一特定的林地利用方式。针对不同树种，如用材林、特用经济林、水土保持林、薪炭林、风景林等，会有不同的效益和不等的适宜程度。王丽丽和郭晶华(1994)用自然度和经营集约度评价天然植被与人工植被的现状，为该地区林业发展和宏观调控提供了资料积累和理论依据。林业集约经营的实证类研究主要集中在林业自然学科类，针对人文社科类的林业集约经营较为罕见，但林业集约经营的概念并不陌生，也有一些定性类的研究文献，如谢再钟等(2015)通过对阿根廷人工集约经营模式的经验分析，提出了加快推进福建林业建设的建议。王忠笑(1996)也提出要加强林业的集约经营，以促进林业企业的发展；高学政和慕宗昭(2008)阐述了巴西人工林集约经营的管理机制和做法，并提出可供我们学习借鉴的经验。在集约要素的研究上，李艳等(2019)基于资本异质性视角，分析了要素投入中劳动、省工性资本、增产性资本之间的关系，结果显示，劳动和资本总体上呈现显著的互补关系，但存在结构性差异，劳动与增产性资本具有显著互补关系，而与省工性资本具有不显著的替代关系，这种结果揭示了林业生产投入被锁定在劳动集约状态的成因，研究结论对于促进林业劳动集约化向资本集约化转变具有重要的政策内涵。

林地集约利用与林地投入密切相关，国内外学者就林地投入行为与其影响因素进行了研究。研究表明，林地质量是影响林农参与林地投入最重要的因素(Zhang and Pearse，1997)，而林地相关的产权制度、市场要素、技术援助等也在极大程度上影响着农户的林业生产投资行为(Zhang and Owiredu，2007；Yin，2013)。俞剑(2017)运用多元线性回归的方法对3500户样本农户的家庭林业经营投入的影响因素进行分析，发现农户获得各类补贴总金额、家中是否存在林权纠纷、是否参加联户经营、家庭林地总面积、生态公益林占家庭总林地的比例、农户留守家庭劳动力数量、家庭可用于林业投入的总资金、林地块数等八个因素对其经营投入具有显著影响。徐秀英等(2013)研究指出，林地流转对不同林地经营类型农户的投入影响具有差异性，流入林地对经济林地块的投入具有明显作用，而对竹林地块的作用不明显。冷小黑(2010)从农户主体、林地客体和作用于主客体的政策和市场环境出发分析了影响林业资金投入的因素，并提出促进林农增收和林业发展的政策建议。张俊清(2008)指出，不同林种的生长周期不同，需要的资金和劳动投入也不同，因此导致不同林种经营农户的林业投入状况差异较大。在非农就业对农户林业投入的影响上，不同学者具有不同的结论，杨水生等(2018)研究认为，非农就业会带来林地劳动和资本要素投入量的增加，而廖文梅等(2015)、Xie等(2019)研究发现，非农就业不利于农户的林业投入，相反还具有负向影响。蒋海等(2001)利用博弈理论探讨了林权制度安排对农户林业投资的激励影响，研究发现，林权制度安排不合理会严重阻碍林业投资渠道，具体表现在资源、资金和技术方面。舒斌等(2017)研究了林业补贴对农户林业投入的影响，指出林业补贴政策能够显著激励农户增加林业投入。杨扬等(2018)基于福建429份农户调研数据，对林业产权和市场环境对农户不同生产环节的林业投入影响进行分析，指出产权稳定性对农户种植和抚育环节的投入均有一定的促进作用。产权稳定性对农户投资激励效应的作用途径有三种：一是可较高的预期报酬(Holden et al.，2013)；二是可进行抵押信贷(Feder，1988)；三是可进行贸易交易(Besley，1995)。也有研究发现，产权稳定性并没有显著激励农户投资。(Qin and Xu，2013)吉登艳(2016)利用江西省598户农户调研数据，实证分析了第一轮林权制度改革后产权对农户林业经营性收入的影响，产权的完整性和安全性对农户林地投资行为可能存在反方向的影响。

林业投入要素是林业生产投入行为的具体化表现，研究主要集中在资本投入、劳动力投入、资本的投入规模、劳动力的配置以及资本和劳动力投入关系等方面。李艳等(2019)将以缓解劳动力约束为目的的机械投入称为省工性资本，将为了实现一定的林业增产、增值的化肥、农药、种苗等投资称为增产性资本，并在资本划分基础上进行林业生产经营投入研究。农户对不同类型的资本投资，在采取决策和行为选择上会存在显著的差异，如许庆等(2005)将农户的长期资本投资按照与地块的相连程度分为两类，地权的稳定性对这两类投资的影响完全不同。于艳丽(2017)运用Tobit模型对福建省三市七县商品林种植农户的生产投入行为进行研究，结果发现，农户对林地近期的资金投入强度要大于中早期，户主年龄大且以家庭经营模式为主的小农户更加倾向劳动主导型投入，而户主年龄小且以联户经营模式为主的大农户更加倾向资金主导型投入。在劳动和资本投入关系研究中，普遍认为两者具有替代性(Wang et al.，2016；孔祥智等，2018；闵师等，2018)，但这种替代关系也会受到地形条件的影响(钟甫宁等，2016)。

1.3.2.3 林地利用效率研究

根据经济学的一般理论，效率指的是投入和产出之间的比例关系，其效率数值的高低反映的是经济主体对资源利用的效果和程度。近年来，林地经营效率受到学者们的广泛关注。英国著名经济学家Farrell(1957)认为，经营效率应包括配置效率和技术效率两部分，随着效率测度理论的发展，综合技术效率、纯技术效率和规模效率成为反映评估主体效率测度的主要指标(鹿瞳，2009)。

从研究内容上看，学者们主要研究集中在中观和微观两方面，如Viitala等(1998)从中观角度对爱尔兰公益林区林业局的投入效率进行了研究，发现生产效率的区域差异较大，此外效率也不高，存在20%的提升空间。翟秋等(2013)利用微观农户数据测算了南方集体林区家庭林地经营效率，发现林地规模与全要素生产率之间并非简单的正负向关系，可能存在倒U形关系。也有针对不同树种效率的研究，如肖颖等(2018)对砂糖橘、柚、杉木、桉树、松树树种的经营效率进行了测度，李桦等(2014)对南方不同经营类型商品林(木材、竹林、经济林)的生产效率进行了测度。此外，还有研究林权制度改革配套政策(杨冬梅等，2019)、林地流转(王翊嘉等，2019)、收入异质性(薛彩霞，2015)对林业经营效率的影响。

从研究方法上看，主要有随机前沿生产函数(SFA)、数据包络分析(DEA)以及方向距离函数(SBM)、自由分布法(DFA)等。Kao 和 Yang(1991)最早采用 DEA 模型对我台湾地区 13 个林区的经营效率进行了研究，随后，也有学者运用 DEA-Tobit、Malmquist 指数等方法对林业经营效率进行评价。陈妮等(2018)基于辽宁省 703 个地块调查数据，运用 SFA 和 Tobit 计量模型对林地的经营效率进行了测度，发现公益林的经营效率远低于商品林。

在林业经营效率的影响因素方面，许佳贤等(2014)研究表明，农户林业经营效率的提升需要依靠内外部动力共同作用，内部动力主要包括资金投入，外部动力如户主年龄、受教育水平、劳动力数量、林业经营资金、林地块数、是否联户经营等。肖颖等(2018)的研究指出，林地经营面积、经营树种和资金投入是林地经营效率的主要影响因素。廖文梅等(2018)从林地细碎化、林地经营规模、劳动力转移、产权制度与政策、区位地理条件等方面总结了影响林地投入产出效率的关键因素，除此之外，还应考虑市场因素、社会化服务、投入资金成本等因素。

1.3.3 农户生计与林地利用及收入的综合研究

1.3.3.1 生计行为与土地利用研究

农户生计行为和土地利用两者之间表现为一种双向的互为影响和作用的关系。近年来，一些学者提出农户生计和土地利用的共生关系理论，认为农户生计系统和土地利用系统存在着一定的耦合关系。劳动力数量和质量对农业与非农业活动的竞争以及非农活动对农户收入结构的调整发生作用，经济机会的响应驱动了农户生计的多样化和土地利用方式的变化。(Mccusker，2006；Carr，2009)其研究主要集中在政治、经济以及环境影响下人们生计方式变化对土地利用变化的驱动因素(Lambin et al.，2001)，非农就业会影响农户对农作物的生产投资决策，在劳动力投入以及化肥投入方面明显减少(Pender 2004)，非农收入的增加会降低农户的劳动力投入，也会促使粮食生产农户放弃农业生产(Holden，2004)。也有对牧草业农户生计问题的研究，牧区草地退化(Kassahun et al.，2008)、过牧行为以及森林灌木的细碎化或消失、湿地资源的过度使用等(Albinus et al.，2008)对农户生计改变产生了重要影响。魏学肖(2018)通过构建生计资本及生计策略指标体系，对样本农户的生计特征进行差异性分析，基于 GIS 空间分析，利用土地利用变化指标分析退耕前后土地的利用变化，并构建 Multi-logistic 回归模型，分析退耕前后生计资本与升级策略的差异对土地利用选择的影响，结果表明，退耕前后农户的生计资本发生了显著变化，退耕前后土地利用结构和土地利用决策驱动因素也发生了明显的变化。

1.3.3.2 农户生计与收入的相关研究

微观农业、农村问题研究最后的归根点在于农户收入。通过文献梳理，发现学者们研究农户收入主要从政策方面、农户自身方面去研究。在政策方面，崔宝玉等(2016)运用倾向得分匹配法估计了土地征用对失地农户收入的影响，研究发现，土地是否被征用确实存在着农户总收入效应和非农收入效应，被征地农户的总收入和非农收入显著高于未被征地农户。柴智慧(2014)运用内蒙古微观农户样本数据，对农业保险稳定农户收入的政策效应进行了研究，认为理论上农业保险可以降低农户收入波动，具有稳定农户收入的政策效应，但实证结果表明，在内蒙古现行农业保险制度下，该项支农惠农政策尚难以发挥其稳定农户收入的福利效应。许彩华和余劲(2020)研究了三权分置背景下土地流转的收入效应，认为土地流转提高了农户的总体收入水平，参与土地流转的农户家庭总收入比未参与的农户家庭总收入高，可以认为土地流转是促进农户家庭收入增长的一个新途径。李先东等(2019)以新疆和内蒙古调研样本为例，研究了草场流转对农户家庭总收入、牧业收入和非牧收入的影响，指出草场流转有助于提高牧民收入。周升强等(2020)利用农牧交错区调研数据分析了草原生态补奖对贫困农牧户收入的影响，指出草原补奖政策能够缓解贫困农牧户的贫困程度，且对抑制贫困农牧户返贫发挥了很好的政策效应。孔凡斌等(2019)利用全国5省702户农户调查资料，探究了林权抵押贷款对农户收入的影响，并分析了不同贫困程度农户林权抵押贷款行为和影响因素，结果表明，林权抵押贷款的增收效果明显，但扶贫功能不明显。黄志刚等(2018)通过构建“生态移民—生计资本—收入”的分析框架，以生计资本为中介变量，测算并分析了生态移民政策对收入的直接效应、间接效应和总效应，指出生态移民政策的实施能有效促进农户生计资本存量的积累，进而产生稳定可持续的收入流量。农户自身方面，主要是自身资本禀赋差异、农户行为差异等导致的收入变化，如人力资本积累与农户收入增长问题(程名望等，2016)、社会资本与中国农民工收入差异(武岩等，2014)、社会资本与贫困地区农户收入(刘彬彬等，2014)等。

此外，还有学者从非农就业、林业专业化生产等生计角度研究了农户的收入问题，管永昊等(2020)以工业企业为研究对象，将工业企业创新分为产品创新和工艺创新，来研究创新类型与非农就业和农民增收之间的关系，得出工业企业创新对农民收入有显著促进作用的结论，但农民增收并非都是通过增加非农就业实现的。蔡洁等(2020)根据六盘山集中连片区农村一二三产业融合的实地入户调查，分析了农村产业融合、非农就业能力对农户收入的影响，指出非农就业能力在增加农户家庭收入、缩小收入差距的过程中具有调节机制。李阳(2013)构建了林农参与合作组织行为绩效的影响因素模型，对异质性林农影响绩效的主体特征进行深入挖掘，丰富了林业产业绩效评价理论。

1.3.4 文献评述

国内外文献从不同角度对农户生计和林地利用关系进行了研究，大量探讨了农户生计、生计策略、林地经营投入和林地流转等方面的影响，其理论和研究方法为本书的研究提供了坚实的理论基础和实证支持，对研究生计资本对农户林地利用及收入有着非常重要的借鉴意义。但该研究仍存在不足，有几点问题需要深入探讨。

①已有研究成果多从自然科学方面去研究土地利用问题，缺乏以微观决策主体造成的土地利用变化社会科学研究，可持续生计理论关于农户生计与林地利用的关系研究较少，尤其是针对林地利用集约度的研究，多停留在定性分析上，定量研究不多见。此外，或虽有从农户拥有的某一项或几项生计资本去探讨林地利用意愿、行为及影响因素，但不够全面，没有深入揭示农户自身所拥有的全部生计资本对林地利用作用差异的根源问题，作用机制不明确。

②国内外学者在研究农户土地(林地)利用问题时，大多只针对单一问题进行静态分析，实际上，农户的土地(林地)利用是一个动态变化或涵盖多方面的问题，由于农户生计引致的土地(林地)利用问题包括利用方式、利用集约度、利用效率等问题，通过生计资本水平和结构双重视角去研究对林地利用的全方面考察，才能充分了解农户生计与林地利用的深入影响关系。

③学者们考察的多为单独一年的劳动或资本投入，较难全面反映具有长周期性的林业投资行为，也较少考虑到农户家庭生计异质性的影响。实际上，农户生计是微观林地变化和宏观经济因素间的一个中介环节，从微观农户生计异质性研究林地利用及收入问题，有助于针对个体差异制订有效的林地集约利用和提高效率措施，增加收入。

④在关于农户收入的研究中，多研究宏观政策对其收入的影响，也有的从微观农户角度研究农户增收问题，但鲜有用可持续生计分析框架研究林业经营农户的文献，要么仅研究林业政策对收入的影响，要么仅考虑社会资本、自然资本等微观因素对收入的影响。事实上，农民获得收入是一个复杂的过程，受到宏观、微观因素等综合影响，农户生计分析框架的核心是生计资本，生计资本的水平与结构特征决定了农户的林地利用方式、集约度和效率，并最终对农户的家庭收入产生影响。因此，本书在借鉴前人研究成果的基础上，对生计资本与收入之间的量化关系进行研究，并对通过生计资本结构优化促进农户增收问题进行探讨。

1.4 研究思路与研究路线

1.4.1 研究思路

本书以农户的生计资本为核心对象，沿着“生计资本—林地利用方式、集约度、林地利用效率—农户林业收入”这条逻辑主线，从生计资本水平和结构两个层面深入探讨生计资本对林地利用的影响程度，并从整体上为进一步提高农户家庭收入提出有针对性的农户生计改善和经营政策优化措施。首先，在国内外文献梳理基础上对核心概念进行界定，并立足农户行为理论、土地集约利用理论等相关基础理论，构建本书的理论分析框架；其次，梳理了我国林地资源生产利用现状，并描述了样本农户的特征，提出林地利用中存在的问题；再次，选取合适的指标体系对农户的生计资本进行综合评价，比较不同类型农户生计资本水平和结构差异；然后，运用多项 Logit、分位数回归、DEA-Tobit 等计量模型实证研究生计资本水平和结构对农户林地利用方式、利用集约度和利用效率的影响，揭示不同类型农户生计资本对林地利用的作用机制，在此基础上探索生计资本对农户林业收入的影响；最后，根据研究结论提出合理利用林地及助力农户增收和提高可持续生计能力的相关政策建议。

1.4.2 技术路线

本书是按照“研究背景—理论分析—现状与问题分析—实证分析—结论与建议”的逻辑思路展开工作的。首先，从研究背景出发，对生态环境与社会经济发展关系变化、制约林地可持续利用及林业可持续发展问题以及农户生计与林地利用问题进行阐述，提出现实问题和科学问题。其次，概念界定与理论分析。对林地利用的内涵和外延进行清晰界定，并立足相关理论，对生计资本影响农户林地利用及收入的机理进行分析，提出本书的理论分析框架。再次，对我国林地资源以及生产利用现状进行梳理，分析我国林地资源的利用现状，为下一步农户的林地利用建议提供参考。然后，基于调研资料，分析样本区域农户林地利用中存在的问题。最后，构建农户生计资本评价指标体系，确定指标权重，进行生计资本测算，并对农户的生计类型进行划分，从生计资本水平和结构两个方面评价不同类型农户的生计资本特征及差异。本书的技术路线，如图 1-1 所示。

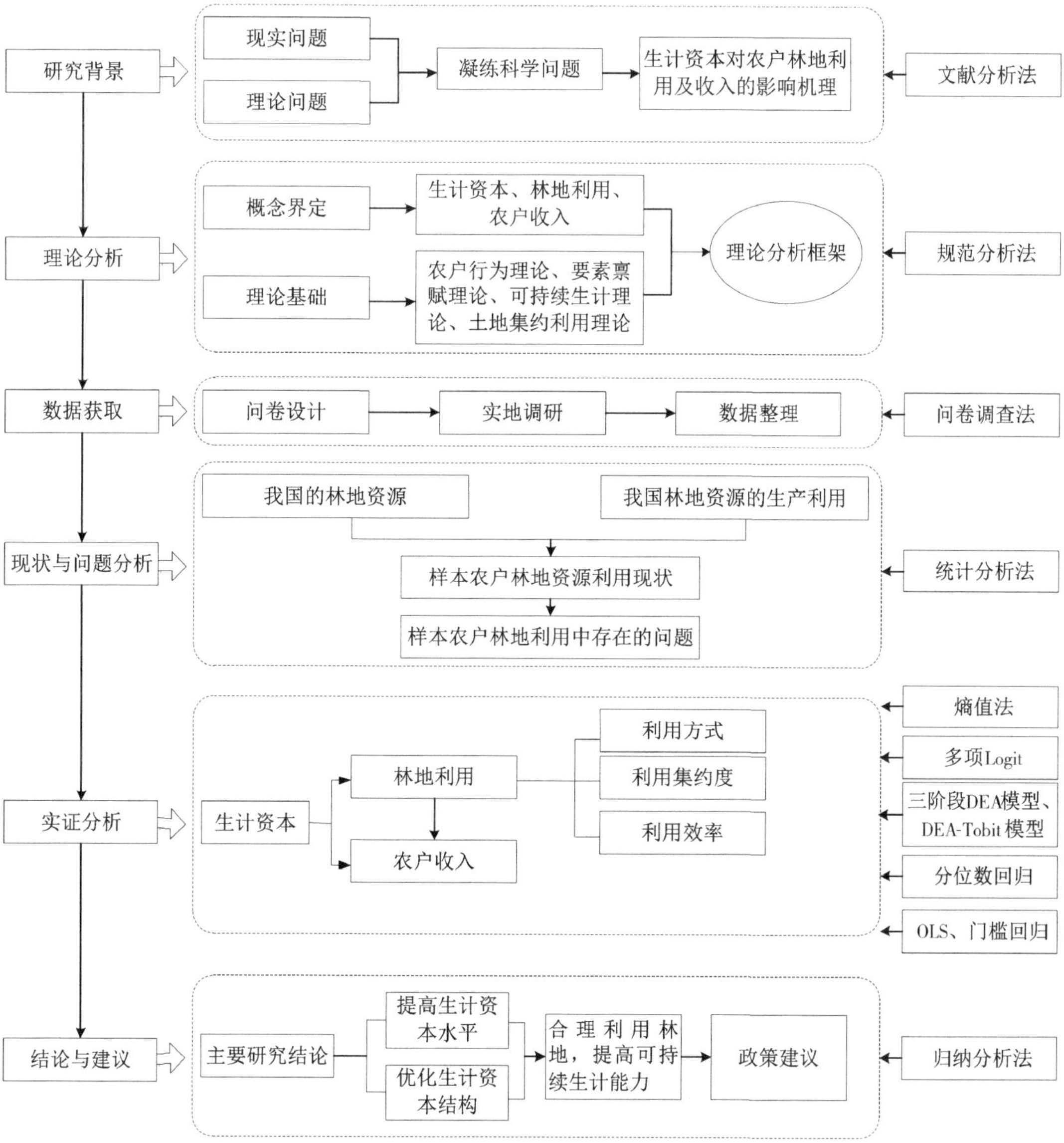

图 1-1　技术路线图

1.5 数据来源与研究方法

1.5.1 数据来源

本书数据来源于2017年7—8月在陕西、江西开展的以“林农生计资本及林地资源利用”为主题的农村入户调查。综合考虑地理环境、区域经济、生产类型等因素，按照分层抽样和简单随机抽样相结合的方法，调查方式以一对一问卷调查为主，同时结合半结构访谈形式进行。从陕西省陕南、陕北、关中及江西省赣南、赣北、赣中各选择2个县，每个县选择2个乡镇，具体包括筒车湾镇、太山庙镇、沙河镇、骆家坝镇、化子坪镇、镰刀湾镇、店头镇、隆坊镇、咀头镇、黄柏塬镇、太平镇、涝峪镇、长龙镇、铅厂镇、大桥镇、正平镇、新宁镇、石渡乡、车上林场、新庄镇、碧洲镇、巾石乡、鹿冈乡、七都乡。每个乡镇随机选择2个行政村，每个村随机选择10~15个农户以及村干部作为调查对象，本次调查共发放问卷693份，剔除数据缺失和无效问卷，最终获得有效样本654份，有效率达94.37%，其中陕西省327份，江西省327份。有效样本的区域分布，见表1-1。

表1-1 样本的区域分布

样本区域	调查县	样本量(份)	样本量占比(%)
陕西省	宁陕县	55	16.82
	安塞县	45	13.76
	太白县	60	18.35
	西乡县	60	18.35
	黄陵县	52	15.90
	户县	55	16.82
江西省	崇义县	54	16.51
	武宁县	57	17.43
	遂川县	52	15.90
	信丰县	48	14.68
	宜丰县	60	18.35
	永丰县	56	17.13

1.5.2 研究方法

①文献分析法。概念分析和理论分析是开展研究的基础，本书通过资料搜集和归纳整理，对农户、生计资本、林地利用等概念的内涵和外延进行了有效界定，借鉴现有已经成熟的农户行为理论、可持续生计理论、要素禀赋理论、规模经营理论和土地集约利用理

论，对生计资本影响农户林地利用及收入的机理进行分析，形成了本书的理论分析框架。

②熵值法。在农户生计资本指标权重的计算上，采用熵值法。熵值法可以度量已知数据样本中的有效信息量，对指标数据进行客观赋权，有效避免了主观因素的影响，通过生计资本各指标的标准化数值与对应熵值法计算的指标权重相乘，可以得到农户的生计资本值。

③多项 Logit 模型。在第五章生计资本对农户林地利用方式的影响研究中，由于农户的林地利用方式选择是多值的，而非二值的，在农户做出林地利用方式决策前，农户的生计资本即已存在，测算的农户生计资本值和结构在短期内不会发生改变，不随方案而变，且由于方案之间相互独立、无序，因此选择多项 Logit 模型进行估计。

④OLS 回归分析法。由于资本集约度和劳动集约度都为连续变量，因此研究拟采用 OLS 回归分析方法对生计资本水平及结构与林地利用集约度的关系进行估计，着重考察生计资本对林地集约度的条件期望的影响。

⑤分位数回归模型。在考察生计资本对林地集约度的条件期望影响后，笔者还关心的是生计资本对整个林地利用集约度分布的全貌影响，以此对生计资本影响集约度有更全面的认识。此外，OLS 最小化的目标函数为残差平方和，容易受到极端值的影响，因此在 OLS 之后使用分位数回归(QR)来研究生计资本对林地利用集约度影响的分布规律，由于 QR 使用的是残差绝对值的加权平均作为最小化的目标函数，不易受极端值的影响，结果较为稳健。

⑥DEA-Tobit 模型。在第七章生计资本对农户林地利用效率的影响中，采用三阶段 DEA 方法对不同林地类型的农户林地利用效率进行测算，所测算的林地利用效率取值属于双边受限的因变量，因此采用 DEA-Tobit 模型来进一步分析农户生计资本对不同林地利用类型效率的影响。

⑦多元线性回归和门槛回归模型。在第八章生计资本对农户林业收入的影响研究中，由于被解释变量家庭林业收入为连续变量，因此采用多元线性回归的分析方法。针对人力资本和社会资本对农户收入作用不明显问题，生计资本与农户收入之间可能存在非线性关系，通过门槛回归模型进一步探索生计资本与农户收入间的复杂关系。

1.6 可能的创新之处

本书的独特之处在于，将农户生计资本和林地利用及收入联系起来，主要有以下几点。

①在可持续生计资本框架基础上，遵循“生计资本—林地利用方式、林地利用集约度、林地利用效率—农户林业收入”这条逻辑主线，创新性地将生计资本、林地利用纳入同一研究框架，从人力资本、自然资本、物质资本、金融资本和社会资本五个维度对农户生计能力进行刻画和分析，并进行生计资本的量化处理，从生计资本视角来解释农户的林地利用问题，在小农经济的国情下能够对农户的生计现状进行更好的解释，丰富了林农生计研究和林地利用的理论体系，是对林地利用及收入研究范式的细化和扩展。

②系统性地架构了包含林地利用方式、林地利用集约度和林地利用效率三个方面的微

观林地利用变化内容，从农户生计资本视角探讨了农户的林地利用问题，推动生计资本理论在我国农村实际问题研究中的本土化应用和创新性发展。本书从生计资本水平和结构双重视角分析生计资本异质性对林地利用及收入的影响，改进了以往研究多停留在农户生计资本单一水平或共同影响因素分析上的局限性，研究发现，农户的生计资本结构更能反映农户的相对优势，其生计资本结构对农户的林地利用及收入也起到重要作用，有助于政策制定的针对性。

③林地利用方式、利用集约度和利用效率在不同类型农户中的表现亦存在差异，因此在研究中针对不同类型农户的生计资本影响进行了对比分析，使其研究更加深入、细致和全面。在全面考察生计资本林地利用变化的影响后，将重心转向由林地利用变化导致的农户林业收入问题上来。在收入影响中，从生计资本水平和结构双重视角去揭示微观农户生计资本对农户收入的直接和间接作用机制，并通过门槛回归模型探索生计资本与农户收入间可能存在的非线性关系，在生计资本与农户收入复杂影响关系下，进一步把握生计资本对农户增收的作用机制。

第 2 章　概念界定与理论基础

本章为本书研究的理论基础，主要包括三部分：一是核心概念界定，结合山区林地的特殊性，对国内外已有文献进行梳理，对农户、生计资本、林地利用、农户收入等概念进行界定，为调研选取的各项指标明确方向；二是对农户行为理论、可持续生计理论、要素禀赋理论、技术变迁理论等进行梳理，为后续的实证研究提供理论支撑；三是通过"可持续生计分析框架"对生计资本对农户集体林地利用及收入的作用机制进行分析，为后续探索农户生计资本对林地利用方式、林地利用集约度、林地利用效率和农户收入的实证研究提供铺垫。

2.1　核心概念界定

2.1.1　农户

综合我国农村情况，现有相关研究文献对农户的概念界定有以下三种观点：经济组织、农民家庭和家庭农场。

①农户是经济组织。在经济组织观点下，农户是指家庭拥有剩余控制权(尤小文，1999)，家庭关系和经济生活较为紧密(郭霞，2008)，且家庭劳动力从事农业生产经营的一种经济组织。

②农户是农民家庭。农户是农业经济的基本单位(叶敬忠等，2019)，是在特定资源禀赋下集生产与消费于一体的规模经营群体(Joachim von Braun，2005)。

③农户是家庭农场。有文献表明，中华人民共和国成立之前的"小农户"也称为"家庭农场"。(黄宗智，1986)随着社会的不断发展，农户可以将劳动力资源在农业生产经营和进城非农就业之间进行合理配置，以追求收益最大化(翁贞林，2009)，使得农户概念内涵不断丰富和拓展，根据不同资源禀赋可以划分为不同类型的农户：根据土地规模的差异，可以将农户划分为规模大户和一般农户；根据收入规模的差异，可以将农户划分为贫困户、温饱型农户和小康型农户；根据兼业程度的不同，可以将农户划分为纯农户和兼业户。

本书所指的农户是指居住在我国山区林区，以家庭契约关系为基础组织起来的社会经济组织，其最典型的特征是以山林作为最主要的生产要素和生活资料来源。本书的农户不仅包括主要从事林业生产的农民，还包括同时从事林业生产经营与非农就业的兼业户以及非林户，即后续对不同类型农户的划分中提到的纯林户、林业兼业户、兼业林业户和非林户，也可以称为"林农"。

2.1.2 生计资本

可持续生计是指一种能够应对压力和打击，在当前和未来保持乃至强化其能力和资本(Chambers等，1992)且不损坏自然资源基础的谋生方式(DFID，2000)。在可持续生计分析框架中，生计资本处于核心地位，是农户生计策略选择的基础。(何仁伟等，2014；赵雪雁，2011)生计资本相对于就业、收入、生存等概念而言，更能反映林农对林业利用的多元性和复杂性。生计资本包括个人拥有的能力、家庭生活所需要的物质资源和社会资源以及个人的行动。(Scoones，1998)为了便于统计和实证考察，将生计资本分为自然资本、人力资本、金融资本和社会资本四类。(Scoones，1998)随后，金融资本又可分为金融资本和物质资本(英国国际发展署，2000)，在英国国际发展署可持续生计分析框架中，生计资本及其构成(人力资本、物质资本、自然资本、社会资本和金融资本五大类)是核心内容(何仁伟等，2013)，对农户生计起决定性作用。

本书所指的林农生计资本采用了英国国际发展署的划分，在后续实证章节中将生计资本分为生计资本水平和生计资本结构，其中生计资本水平是指根据农户生计资本评价指标测算出来的，用以反映生计资本大小的数值，而生计资本结构是指根据五类生计资本测算值中最大的一类进行重新命名，称为资本占优，用以反映农户所具有的生计资本结构优劣问题。现对其生计资本构成要素界定如下。

①自然资本。自然资本概念源于可持续发展思想(Pearce，1990)，是指能够在现在或未来提供有用的产品流或服务流的自然资源及环境资产的存量(Daly，1996)。自然资本的评估利用是可持续发展量化领域的重要课题(方恺，2015)，可持续性可以理解为资本存量的不减少(Daly，1994)。在可持续生计框架下，自然资本主要指农户从事有关生计活动所依赖的、来自自然馈赠的有形和无形资源，如人们可以利用的土地等自然资源。

②人力资本。人力资本指农户谋生所需要的技能水平、知识储备、健康状况和劳动能力(李忠民，1999)，主要基于劳动力数量、质量和劳动时间三个方面(Schultz，1962)。人力资本是家庭生计发展过程中生计模式创新的主要动力来源，可以通过投资获得的可以给未来带来收益的以知识、技能及健康等因素进行体现的价值。(朱必祥，2005)人力资本对家庭经济的不同生产性作用取决于劳动力的知识、技能和技术水平。在可持续生计分析框架下，人力资本包括年龄、受教育水平、健康状况等。

③物质资本。物质资本是人类在生产和生活过程中创造出来并依赖的生产资料和基础设施。物质资本可以在保证农户基本生计的前提条件下，改善农户的生产力水平，主要包括房屋建筑物、家庭生产工具和耐用消费品等。

④社会资本。社会资本的概念最早是从社会网络的视角提出(Coleman，1990)，包括社会网络(张其仔，1999)、社会信任、社会规范(Putnam，1994)。社会资本关注的是文化和规范等对经济发展的推动作用，是个人通过社会资源来增强期望回报，进而在社会关系中进行的投资。

⑤金融资本。资本的积累和流动是金融资本存在的表现形式，包括个人获得的借款以及用来购买生产和消费资料的现金。产业资本的集中和垄断是金融资本产生的基础。(列宁，1995)金融资本来源于两类：现有的存量和定期的资金流动。(David Harvey，1982)

2.1.3 林地利用

在研究林地利用概念的内涵和外延前，有必要先对土地利用的概念、特征及形态进行系统把握。由于土地利用问题是一个年轻又古老的研究话题，因此被多学科研究，主要集中在经济地理学、自然科学、城市科学等角度，目前虽未形成统一的概念认识，但基本定义已被广泛接受，如认为土地利用是人们与土地的结合活动中能够获取物质产品和服务的一种经济活动，或者是指人类在其土地上投入的生产要素，并期待从中得到某种利益的愿望，又或者是在特定的地点，由人为干预和自然条件决定的土地功能。从以上对土地利用的定义中可以看出，土地与人类活动密切相关，人类发展也离不开对土地的利用，土地利用包括两层含义：一是开发利用并进行财富积累的过程；二是保护性利用活动。从第一层含义来讲，又包括宏观土地利用和微观土地利用。宏观土地利用主要是指土地利用形态，即在国家处于某一经济发展阶段时，能够利用的土地类型所构成的结构，主要有空间表现形式和非空间表现形式。空间表现形式指国家所包括的土地利用类型总和，如耕地、林地、草地、城镇建设用地、工矿用地等；非空间表现形式指每一种土地利用类型在国家级或地区土地总面积中所占的比例或份额。微观土地利用主要是指人们以土地为媒介，在其上面进行开发利用活动并创造预期经济利益的过程。

林地利用是土地利用现状中的一个具体类别，是对土地利用的细化，“利用”一词是林地利用的核心内涵，不同的利用含义决定了林地利用的特征、内涵不同。林地利用是人类通过与森林资源结合获取物质产品或生态服务的经济活动过程，是人与自然系统耦合形成的林地生态经济系统。从宏观和中观层面来讲，林地利用的内容应包括林地资源的调查、分类、统计、林地利用现状分析、林地利用规划、林地开发、林地保护等。本书主要是结合微观农户视角根据研究区域和研究对象实际，来探究其林地利用问题。本书的林地利用主要是指林地利用方式、林地利用集约度和林地利用效率。

(1)林地利用方式

林地利用方式是指农户对林地利用类型的生产决策，即在特定林地上选择经营什么。林业用地可以划分为商品林经营区和生态公益林经营区，按照所有制结构可以分为国有林、集体林和其他林，按照林种结构可以把商品林分为用材林、经济林、薪炭林，按照树种结构可以分为杉木、马尾松、国外松、硬阔、软阔，按照年龄结构可以分为幼龄林、中龄林、近熟林、成熟林与过熟林。在林地的既有属性下，农户在生产经营前所能决定的是林种结构和树种结构，结合研究实际和可行性，本书以林种结构进行研究，由于薪炭林是以提供燃料为主的经营项目，随着国家清洁能源的大力推广以及保护大气环境的要求，且薪炭林不限树种，任何树木均可作为燃料，因此薪炭林在商品林中的地位逐渐下降，结合调研区域农户的实际营林情况，本书将商品林类型划分为用材林、经济林和竹林三大类，同时林地利用方式还包括生态公益林区农户林下经济。

(2)林地利用集约度

林地利用集约度是指林地集约利用水平，是不同林地经营行为的表现结果，本书主要指单位林地面积资本和劳动力的投入强度问题，借鉴价值形式下集约度计算公式，将林地利用集约度定义为“一定时期内单位林地面积投入的资金和劳动力的货币总额”，林业经营中的生产要素投入包括资本投入和劳动投入，因此林地利用集约度又包括劳动集约度和资本集约度。

(3)林地利用效率

经济学的效率表示一种有效的资源配置状态(范里安，1994)，是达成既定目标的资源使用程度，包括技术效率和配置效率。技术效率从投入和产出两方面进行界定，前者是产出不变时生产单元的理想最小可能投入与实际投入的比率，后者是指在投入变化时生产单元的实际产出与最大可能产出的比率。(Farrell，1957)投入为经营主体在生产经营活动过程中为产出而消耗的经济资源的成本，本书中指的是林农在生产经营过程中所消耗的林地资源、资金费用和劳动力资源；产出为经营主体通过消耗经济资源进而获得的收益，本书中指的是林农在生产经营过程中得到的产量、收益，由于林下经济复杂多样，不便于进行产出和投入统计，且口径指标难以统一，因此针对林地利用效率的研究只包括商品林经营农户，即考察用材林、经济林和竹林三大类商品林经营的效率问题。林地经营类型为经济林的农户以经济林人均年收入为产出指标，林地经营类型为用材林的农户以木材量为产出指标，林地经营类型为竹林的农户以产出量和竹林净收益为产出指标。

林地利用效率是评价农户林地经营活动的重要指标，为投入与产出之间的比例关系，其高低反映的是林地经营主体对资源的利用效果，是衡量经营主体效益的重要指标。集体林权制度改革之后，林农的经营规模和经营形式都发生了巨大的变化，需要探讨的是，农户能否在新的林地经营模式下实现投入与产出之间的最优配置，进而提高利用效率。本书的林地利用效率就是根据农户在林业生产经营过程中的投入产出指标测算得出。

2.1.4　农户收入

农户收入从经济来源分析，可概括为工资性收入、家庭经营性收入、财产性收入和转移性收入四个方面，其中工资性收入和家庭经营性收入所占的比例最大。工资性收入主要是劳务收入；家庭经营收入主要包括农业生产如种粮、饲养畜禽等的收入；财产性收入主要是对外投资和财产租赁等取得的收入，转移性收入与国家的支农政策等有关。本书第 8 章中的收入主要是指农户的家庭林业收入，即农户经营用材林、经济林、竹林、林下经济等取得的经营性收入，以及财产性收入、转移性收入和其他与林业经营相关的收入。财产性收入包括林地流转获得的收入，转移性收入包括各种林业补贴，如生态效益补偿、抚育补贴、种苗补贴、林业农机具补贴等。

2.2　研究理论基础

2.2.1　农户行为理论

农户在林业生产经营过程中制定生产决策时，既定经营目标是在满足家庭生活需要的前提下，追求利润的最大化和风险的最小化。农户行为理论始于俄国农业经济学家恰亚诺夫的小农模型，后经过不断发展，形成了包括理性小农学派、组织与生产学派和历史学派在内的三大主流农户研究学派。

2.2.1.1 传统经济学的“理性小农”学派

经典经济学对人的假设是“追求收益最大化”和“确定性”，进而形成了“理性小农”研究学派。“理性小农”学派以美国经济学家舒尔茨为代表，认为农户的经济行为是理性的。舒尔茨在代表作《改造传统农业》中提到，农户的生产决策为理性决策，农户会按照市场经济理性原则使资源得到较好的配置、生产要素得到较好的投资，进而实现利益最大化。在完全竞争市场中，农户的生产决策与特定资源约束下的企业的逐利性行为相似，对价格反应和生产要素配置符合帕累托最优原则，生产与消费决策是建立在价格比较的基础上的。他们理性行为决策的结果是不愿意再有新的生产资料的投入，进而在生产经营过程中存在生产要素投入的边际投入递减规律，使得小农经济出现增长停滞和效率不高的问题。小农经济增长停滞和效率不高的主要原因在于生产资料价格较高、资本收益率较低。传统小农经济改造的关键，一方面，在于供给新的生产资料，通过劳动力资源的投入提高农户在生产经营过程中对生产资料的利用率(杨永华，2003)；另一方面，在于现代农业技术的发展，在农户具有有利投资机会的情况下可以突破小农“贫困陷阱”，进行自主创新，改变传统生产逻辑“穷而有效率”；还有一方面在于小农在获利过程中与人讨价还价进而实现个人或家庭收益最大化(郭于华，2002)。美国经济学家西蒙在其书 *Theories of Bounded Rationality* 中指出，农户由于决策面临的风险、不确定性和信息不完全性导致决策行为没有追求利润最大化，农户的行为并不是“完全理性”的，而是“有限理性”的，其主要原因在于农户的偏好体系并不完全有条理和稳定，难以挑出最优方案和决策时采用“满意”原则而不是最优决策原则，是在诸多方案中选取满意解——帕累托次优方案。

2.2.1.2 组织与生产学派

组织与生产学派以苏联社会经济学家恰亚诺夫为代表，从农业经济的组织形态和农民的心理状态出发，以苏联集体化前的村庄农户为研究对象，利用经济学研究农户在经济活动中是否具有“经济理性”。他认为，农民的生产经营活动是非理性的，传统的利润计算方法并不适用于小农家庭农场，小农的生产主要是为了满足自身家庭的基本生活需要。他们的行为决策不仅仅是成本—收益的比较，而是考虑农产品的质量、寻求家庭生活消费需要和劳动的辛苦程度之间的平衡，从追求利润最大化变为追求效用最大化，从以市场利润为经营目标变为规避风险。当小农家庭农场的消费需求得到满足时，农户劳动力资源的投入不再具有动力。因此，农业经济的改造应该按照小农经济的运行规律，依照自愿、自发的原则，实现农业合作化。(马良灿，2014)可见，小农经济这种生产经营方式是非理性、低效率的。组织与生产学派的研究观点适用于经济并不发达的国家农户的行为决策。

2.2.1.3 历史学派

历史学派以美国华裔社会学家黄宗智为代表，对小农经济“半无产化”进行了刻画，并形成了一种独特的小农理论——拐杖理论。“半无产化”指的是农户家庭存在多余的劳动力，并且依附在农业领域，无法成为一个新的“无产—雇佣”阶层。黄宗智以我国华北地区、长江三角洲地区的农户为研究对象，发现我国小农家庭的收入来源于“农业收入+非农雇工收入”，并且农业收入的“拐杖”是非农雇工收入。当边际报酬过低时，小农家庭仍会投入劳动力资源，可能的原因是小农家庭没有边际报酬概念或者是土地资源受到制约或者是没有就业机会、劳动机会成本为零。农户的行为具有差异化特征：小农的行为是在人口、土地租赁关系下维持生产和生活；中农的行为是满足日常生活消费需要和劳动力投入的均衡，农场主的行为是为了追求利润最大化。该学派在充分调查中华人民共和国成立前后农业发展状况后提出，中国的农业发展是“没有增长的发展”和“过密型的商品化”，农户的经济行为是在家庭劳动力资源的制约、市场经济的冲击、劣势社会阶层地位三者共同作用之下表现的。

2.2.1.4　农户行为理论对本书的启示

在一系列制度变迁之后，目前我国农业经营模式发生了转变，将农户作为“非理性”和“有限理性”的观点都不再适用当前我国农村的实际情况。在农户分化和非农就业收入占比大幅提高的情况下，对农户经济行为的分析应该从企业经营和维持家庭生计原则两方面进行综合考虑，农户具有维持家庭生计和追求利润的双重特征，但需要注意到的是，不同类型、不同收入层次的农户双重特征的侧重点不同，低收入和高收入家庭对作物种植的选择和经营目标都不一样。同样，不同生计资本水平和结构下不同类型农户的林地利用特征也存在差异，因此在研究生计资本对农户林地利用的影响时，需要将不同生计资本水平和结构下不同类型农户进行划分去研究其行为。此外，在农户经济行为的影响因素中还不应该忽视社会环境因素，诸如社会形态、制度结构和文化特征等。

2.2.2　可持续生计理论

20 世纪 80 年代“世界环境与发展大会”上，“可持续生计”概念第一次被提出，意指维持或提高资源的生产力，保证拥有并获得足够的可以用来满足需求的资金和食品；1992 年《全球 21 世纪议程》在联合国大会中提出，可持续发展就是要保护、协调和发展自然、人力、物质和社会资本；1995 年社会发展世界峰会制定的《哥本哈根宣言》中指出，可持续生计就是要让所有人获得稳定的就业和工作以维持生计；《可持续性农村生计：一个分析框架》指出，可持续生计就是生活所需要的能力、有形资产及活动等。可持续生计的内涵得以丰富，并被广泛应用于农村领域。20 世纪末，可持续分析框架应运而生。

生计资本理论源自“可持续生计”在各国贫困问题中的广泛应用，通常用于农村贫困和发展领域，延伸含义十分丰富。(许汉石等，2012)20 世纪 90 年代中期，英国国际发展署提出可持续生计分析框架，是目前最具有代表性、发展最广泛的生计资本框架。该框架指出，农户所拥有的生计资本要素暴露在一个脆弱性背景之中，他们之间紧密相连、互相影响。生计资本通过影响政府管理水平和私人财产，对法律、政策、制度、文化产生影响，进而影响生计策略的选择，引起生计结果的变化，如收入增加、生活水平提高、脆弱性降低、食物安全增加、资源利用优化等，反过来又会影响生计资本，其可持续生计分析框架，如图 2-1 所示。

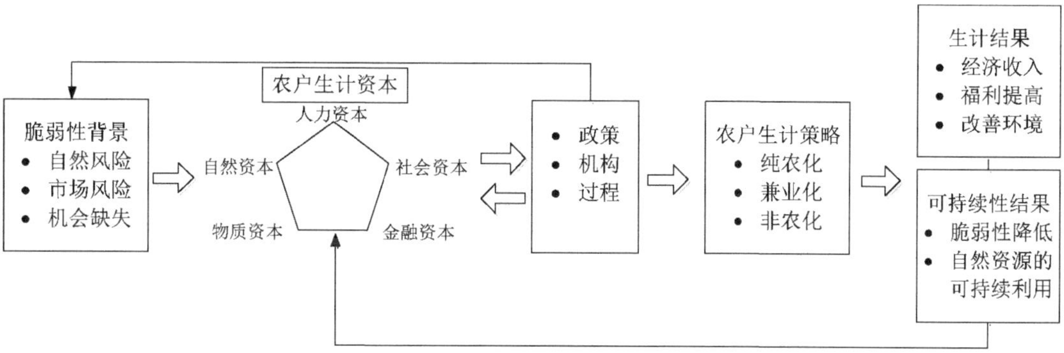

图 2-1 可持续生计分析框架示意图

2.2.3 要素禀赋理论

要素禀赋理论最早应用于国际贸易问题，与比较优势理论紧密相关，俄林-赫克歇尔要素禀赋理论(H-O)模型强调各国拥有的要素禀赋是其经济发展的基础，是决定该国比较优势的根本因素，该理论弥补了比较优势理论在分析各国差异产生原因时的不足。美国著名经济学家保罗·萨缪尔森(Paul A. Samuelson)等人进一步认为，随着要素禀赋的不断积累，会引起比较优势的变化或陷入比较优势陷阱。哈佛大学肯尼迪学院教授、国际发展中心主任李卡多·豪斯曼(Ricardo Hausmann)则指出，相对于要素数量，要素质量对各国经济发展的影响更加深远。要素禀赋理论的核心概念为要素丰裕度和要素密集度。要素丰裕度指的是一国的要素禀赋状况，其衡量方法有两种，一种是以生产要素供给总量衡量，另一种是以要素相对价格进行衡量。要素密集度是一个相对概念，反映的是投入生产要素之间的比率。在国际贸易中，要素禀赋理论的主要应用是指导国家的进出口贸易，劳动丰富的国家应出口劳动密集型商品而进口资本密集型商品，相反，资本丰富的国家应出口资本密集型商品而进口劳动密集型商品。

要素禀赋理论对我们的启示是，农户对林地的合理利用需要根据自身所在区域的要素禀赋状况，统筹把握要素丰裕度和要素密集度，合理组织生产活动。从微观农户自身来讲，则需要根据自身拥有的资本禀赋来合理组合和配置，提高生计资本水平、优化生计资本结构来进行林业生产经营活动。

2.2.4 规模经营理论

规模经营理论的基础是规模经济理论和要素禀赋理论，目标在于通过生产要素的合理配置来提高生产效率，实现经济效益的最大化。规模经济理论由英国经济学家、新古典学派创始人马歇尔提出，在技术水平不变的情况下，通过扩大经营规模来降低成本，但规模并不是越大越好，其最优规模为单位平均成本最小时的产量水平。要素禀赋理论的核心概念为要素丰裕度和要素密集度，该理论指的是生产经营过程中劳动、土地、资金、技术等要素的投入将会决定资源配置，不同的要素禀赋决定着不同的资源配置，意味着使用相对丰裕和密集的要素生产的产品在市场上的竞争力更强。

适度规模经营是林业自然再生产和经济再生产的必然要求，也是规模经营理论在林业生产领域的具体表现。规模经营是指在一定的社会环境和经济发展水平下，使得土地、劳动、资本、技术等生产要素合理配置，从而经营主体获得最佳的木材产量或经济收入。规模经营一般来说来源于规模经济，侧重成本变化，即在既定的技术水平下，生产某一产品的成本，如果在某一区间平均成本下降，说明存在规模经济。发展林业适度规模经营一方面可以实现土地、劳动、资本、技术等生产要素的优化配置，增强产品竞争力，提高经济效益；另一方面可以降低生产成本，提高劳动生产率，增加农户收入水平。林业发展适度规模经营能够解决林地细碎化问题，提高农户营林积极性；应对劳动力供给变化，提高林业机械化水平；转变林业经济增长模式，提高要素生产效率；建立高效林业生产体系，实现林业可持续发展。为了实现林业规模经营，应该创新林地流转机制，促进林地经营权稳定有序流转；培育林业新型规模经营主体，包括林业专业合作社、林业龙头企业等；建立健全社会化服务体系，引导社会资金注入林业生产经营；把握好适度规模经营的“度”，做好各方利益的协调。

2.2.5　土地集约利用理论

土地集约利用理论经过较长时间的发展，形成了丰富的理论内容，主要包括地租理论、区位竞租理论、土地报酬递减规律、生态经济学理论以及生态系统健康理论等。其中，土地报酬递减规律是作为研究土地集约利用最直接的规律，该理论认为，在农业生产技术保持不变的前提下，随着原生产物数量的增加，将带来日益增加的费用，即土地纯产品和它的总产品比例是持续下降的。当其他投入要素不变，某一种要素不断增加的情况下，其边际效益会经历 3 个阶段：第一阶段是边际效益、平均收益和土地收益加速增长阶段；第二阶段是边际效益减少、土地收益仍不断增加，并且达到最大阶段；第三阶段是边际效益出现负增长、平均收益和土地收益不断减少阶段。土地规模报酬递减规律的关键在于临界值(集约边际)，这就要求我们在土地利用过程中要考虑投入集约和产出集约之间的比例关系，对其土地追加投资，不能使其达到临界值，不能超出集约边际，当然也不能远低于集约边际，以免造成粗放利用和资源浪费。土地集约利用理论为我们对土地的集约利用和选择最佳土地利用集约度提供了重要的理论和现实途径。

2.3　影响机理分析

2.3.1　生计资本对农户林地利用方式的影响

生计资本内部差异是农户生计适应行为选择的内在动力，在前文 2.2.1 节中对农户行为理论的分析可知，农户作为理性经济人存在，追求收入的最大化和福利的最大化，会根据自己的生计资本状况来调整农业生产，选择合适的利用方式来实现生计最佳。尹莎等(2020)基于社会—生态系统重构背景，从农户视角探讨了农户适应行为选择和农户适应性影响机理，针对传统调整的适应行为包括采用节水技术减少用水、改变作物类型、改变养殖品种，针对现代农业发展的适用行为包括采用日光温室种植、暖棚养殖、种植特色林果，并指出人力资本中的男性劳动力、受教育水平，金融资本中的家庭资助机会、收入状况，社会资本中的社会网络、领导潜力，在传统农业调整和现代农业发展中起到显著影响作用，即农户的适应行为选择主要受自然资本、劳动力资本与认知水平、金融资本以及社会资本中社会关系网络因素的影响。阎建忠等(2010)按照农户生计类型将农户划分为纯农户、一兼户、二兼户和非农户，研究了农户生计和土地利用之间的关系，仅有较少比例的非农户对土地的利用方式是采用撂荒、退耕或出租形式，而纯农户、一兼户、二兼户的土地利用类型均以集约利用为主，不同类型农户的差异主要体现在劳动力数量、受教育水平、年龄结构方面，也即说明人力资本在较大程度上影响着农户的土地利用方式和类型。任林静和黎洁(2018)对退耕还林政策交替期退耕农户的土地利用意愿进行了研究，认为退耕还林农户的土地利用决策不再是简单地“参与或不参与”“退出或不退出”，还涉及“维持、扩大、调整或缩减”等多种土地利用选择，研究指出，制度约束在较大程度上影响了农户的土地利用意愿，但地块特征也是决定农户土地利用意愿的关键因素，特别是对于调整退耕的农户。可见，农户所拥有的自然资本对于退耕还林农户的土地利用决策产生了重要影响。刘博和谭淑豪(2018)研究了内蒙古牧户的草地利用问题，实证分析了社会资本对草地租入和租出决策的影响，结果表明，社会资本对牧户草地租入倾向具有显著影响，而对牧户草地租出倾向的影响不显著。生计资本差异影响农户的生产行为，对农户利用耕地、参与耕地保护的决策产生影响(Soini，2005；张丽萍等，2008)，归根结底，还是生计资本变化导致的经济利益变动影响着农户的利用方式和生产行为决策，不同类型林农的生计资本结构差异会影响其对林地利用方式的选择，且各生计资本要素的影响存在显著差异(李琳森等，2019)。

2.3.2 生计资本对农户林地利用集约度的影响

由于关于林地集约度问题的社会科学实证方面的研究较为罕见，所以关于生计资本与林地利用集约度问题的研究文献也较为匮乏。但针对生计资本与土地利用集约度的文献较多，可以为研究生计资本对林业集约度的影响提供有益的参考和借鉴。

人力资本对土地利用集约度的影响。人力资本主要体现在劳动力的数量和质量两方面，劳动力是农业生产中最重要的要素之一。一般而言，劳动力数量与耕地利用集约度是成正向关系的，但随着非农就业和非农收入比重的提高，劳动力数量和质量发生了变化，对土地投入的劳动力和肥料等减少，使得这一正向关系也随之发生变化，降低了土地的集约利用。劳动力的教育水平会引起非农生产和技术上的差异，劳动力教育水平低则会降低农业生产力，非农户出现粗放或撂荒利用土地。

自然资本对土地利用集约度的影响。对于农户而言，土地是最重要的自然资源，其拥有的土地资源数量、类型、质量等影响着土地的集约利用问题。如梁书民(2006)认为，土地资产是通过种植结构对土地利用集约度产生间接影响，通过土壤和地形等质量要素对土地利用集约度产生直接影响。不同农业种植类型对水资源、劳动力资源等的需求是不同的，不同地势类型、肥沃程度对耕作难度、劳动投入水平、化肥投入等的需求也是不同的，即土地这一自然资本差异会引起对其利用集约度的变化。

物质资本对土地利用集约度的影响。物质资本主要是指农户用于生产的资料和基础设施，物质资本充裕，可以提高农户的生产能力。提高生产能力可以通过替代土地投入要素影响投入决策，最终影响土地利用集约度，如提高机械化水平、健全农田水利设施、改善交通等。

金融资本对土地利用集约度的影响。金融资本影响农户的再投入决策和长远发展，影响土地要素的规模和结构，如金融资本较多的农户有能力购置农业机械化设备、先进技术等(张童朝等，2017；刘可等，2019)，最终导致土地利用集约度的提高。但是，对于非农生产农户而言，较为充裕的物质资本可能会加剧其对非农行为的投资力度，进一步降低土地的集约水平。

社会资本对土地利用集约度的影响。社会资本具有经济合作功能，对于农业生产的技术互助、生产资料购置、生产信息交流、集体行动等方面具有促进作用，有利于调整和优化土地投入的结构和规模，实现收入最大化和风险最小化下的最佳土地利用决策，进而提高土地利用集约度。同样，对于非农户而言，其重心并不在土地利用决策上，所以会降低土地利用集约度。

林地利用集约度是指林地集约利用水平，是不同林地经营行为的表现结果，即单位林地面积资本和劳动力的投入强度问题。林业经营中的生产要素投入包括资本投入和劳动投入，因此林地利用集约度又包括劳动集约度和资本集约度。生计资本影响着林业经营的资本投入和劳动投入，进而会影响其集约利用的问题。从影响农户林业投入因素的文献看，主要集中在家庭特征、林地特征、林业环境和政策措施四方面。在家庭特征中，银小柯(2012)研究发现，林农年龄、家庭人口、家庭成员是否担任村干部等因素对农户家庭林业投入具有显著影响；罗金等(2009)认为户主的受教育水平、家庭收入水平等会显著影响林农的投资行为。在林地特征中，林地块数和林地面积是影响林业投入的重要因素(夏叶丹等，2013；黄安胜等，2008)，林地细碎化阻碍了农户进行经营投入(俞剑等，2017)。进一步研究表明，林地面积因素仅对商品林农户的林业劳动力投入决策有正向影响，而对公益林经营农户的资金和劳动力人均投入无显著影响。(曹兰芳等，2014)也即是说，生计资本的某些方面，如人力资本、金融资本、自然资本等表现出了对林业劳动投入和资金投入的显著影响，也即影响了林地利用的集约度。

2.3.3　生计资本对农户林地利用效率的影响

针对林业生产效率问题的研究主要集中在人力资本、自然资本、金融资本、林业产权制度与林地流转等方面。在人力资本要素的研究中，薛彩霞等(2017)结合我国家庭农户劳动力基本分工模式，将农户划分为纯农业户、性别分工型、代际分工型、混合分工型和模糊分工型五类，重点研究了家庭劳动力配置对农户非木质林产品经营效率的影响。研究表明，纯农业户的经营效率最高，代际分工型农户次之；人力资本素质的提高有助于经营效率的提高，林地质量和经营规模与农户非木质林产品经营效率有显著正向影响。朱烨等(2018)对林业劳动力女性化与林业生产效率关系进行了研究，指出随着女性劳动力参与竹林经营比例的提高，竹林生产效率呈倒 U 形的变化趋势。杨水生等(2018)提到农村劳动力老龄化并不会成为影响林地利用效率的障碍因素，相反，其能够提高竹林地的利用效率。在自然资本要素的研究上，田杰等(2017)采用超越对数随机前沿生产函数模型，对不同林地经营规模的农户林业生产要素配置效率进行测度，结果显示为倒U形变化趋势。进一步研究发现，劳动力数量、林地规模和人均收入对林业资源配置也呈现倒U形变化趋势，家庭成员中是否有村干部和林地细碎化对林业生产要素配置效率的影响呈不确定性状态。薛彩霞等(2014)采用随机前沿生产模型，从收入异质性视角测定了农户林地经营的技术效率。结果表明，低收入—高林业依赖型农户的林业生产效率最高，高收入—高林业依赖型次之，低收入—低林业依赖型农户的林业生产效率较低，高收入—低林业依赖型效率最低。王翊嘉等(2019)按产权归属将林地产权分为独立产权和联合产权，指出产权异质性对林业经营效率产生影响，独立产权对林业经营效率具有显著正向影响，联合产权对林业经营效率不具有显著相关性。杨扬等(2018)研究发现，林地产权安全感知对林业管护行为的影响更大，集体林权制度改革的重点应放在提高农户的产权安全感知上来。

2.3.4 生计资本对农户家庭收入的影响

农户拥有的各项生计资本是其开展各类生计活动的基础，农户通过对生计资本的运用来创造收入。关于农户生计资本的相关理论研究，如社会资本与农户创业融资决策(曹瓅等，2019)、创业绩效(苏岚岚等，2017)、农户家庭多维贫困(苏静等，2019)、耕地保护意愿(史雨星等，2019)、电商采纳行为(曾亿武等，2019)、生活满意度(刘秀丽等，2018)、人力资本与农户收入差距(杨晶等，2017)等，研究成果较为丰富，一是阐释了农户生计资本与生计方式的内在机理，强调通过改善、优化生计资本结构，来提高生计与收入多样性；二是从政府角度出发，通过政策制定及机制设计等方式为人地系统的耦合协同发展提供良好政策环境，以推进林业可持续发展为着眼点，提出民生林业与生态林业协同组合机制。集体林区林业经营农户由于受不同林业政策的影响，必然会导致原有的生计资本状况发生变化，进而引起农户生计策略选择的非农化和生计多样化，最终导致农户收入的分化。目前，国内学者针对可持续生计分析框架展开了大量研究，有从生计资本视角出发对土地转出农户的主观福祉影响进行分析(袁东波等，2019)，有对旅游区农户、山区农户以及农民工的生活满意度进行研究(刘秀丽等，2018；徐堇寒，2019；苏飞等，2014)，也有学者研究了生计资本对农牧民生活满意度的影响(赵雪雁，2011；王阳等，2017)。农户家庭生计资本状况影响其生计满意度，而收入要素成为影响生计满意度最重要的因素。在生计资本对农户收入影响方面，有学者指出，社会资源和金融资源对农户收入有极为显著的正向预测作用(王成利，2018)，人力资本具有增收效应(杨晶等，2019)；也有学者研究了易地扶贫搬迁农户生计资本对收入水平的影响及对收入不平等的贡献度，研究指出，生计资本在不同收入水平上对收入不平等的影响通过政策因素得以强化，同时指出，除政策因素和生计资本外，家庭和地理因素对农户收入也具有重要影响(李聪等，2019)。在集体林业研究方面，有学者对赣江源区林农的生态补偿满意度进行评价，发现林农对公益林生态效益的满意度最高，对管护效果的满意度最低，现有的补偿标准难以刺激林农对公益林的管护(郭丽玲等，2015)；也有学者对生态补偿满意度影响因素进行研究，指出不同类型林农对满意度影响因素的差异(刘滨等，2018)。针对商品林经营农户的研究，主要集中在社会资本(韩育霞等，2019)、人力资本(朱烨等，2018)以及生产效率(李桦等，2014；李桦等，2015)等方面，对农户的生计和收入状况研究较少。

2.3.5 理论分析框架

从要素禀赋理论中的要素丰裕度和要素密集度出发，将生计资本异质性分为生计资本水平和生计资本结构，其中生计资本水平主要反映要素充裕度，而生计资本结构主要反映要素密集度。从微观农户自身来讲，则需要根据自身拥有的资本禀赋来合理组合和配置，进行林业生产经营活动，进而造成林地利用的差异。在获取稳定收益、增加产出水平、强化资源禀赋和减少交易成本的驱动下，会促使农户的林地经济行为发生变化，其经济行为影响林地经营效率(冉陆荣，2011)，进而可能改变农户的林业经营收入。

基于上述分析，构建本书的理论分析框架，如图 2-2 所示。

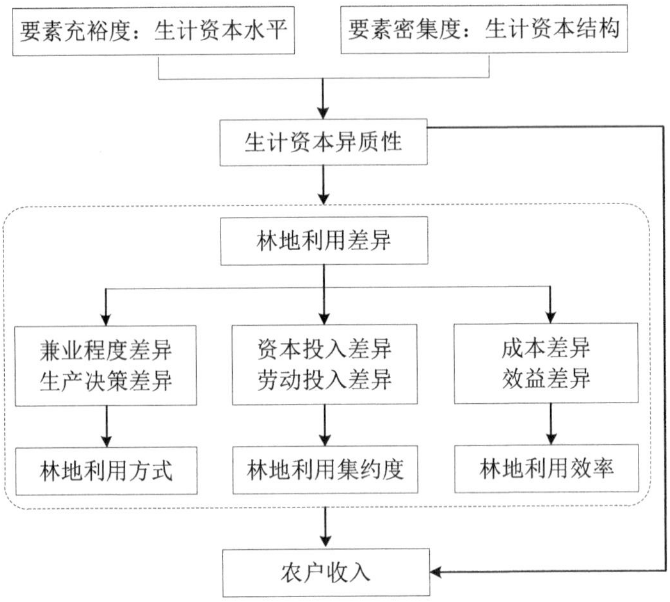

图 2-2　生计资本对农户林地利用及收入的影响机理图

2.4 本 章 小 结

本章首先对农户、生计资本、林地利用、农户收入等概念的内涵和外延进行了清晰界定，其次，梳理了农户行为理论、要素禀赋理论、规模经营理论和土地集约利用理论等有助于本书研究展开的、密切相关的、具有指导价值的相关理论。在此基础上，将生计资本贯穿本书，提出生计资本对农户林地利用及收入影响的理论分析框架，为本书后续研究的展开奠定理论基础，主要研究结论如下。

①相关理论对本书的启示。在农户分化和非农就业收入占比大幅提高的情况下，对农户经济行为的分析应该从企业经营和维持家庭生计原则两方面进行综合考虑。农户具有维持家庭生计和追求利润的双重特征，但需要注意到的是，不同类型、不同收入层次的农户

双重特征的侧重点不同，低收入和高收入家庭对作物种植的选择和经营目标都不一样。从微观农户自身来讲，则需要根据自身拥有的资本禀赋来合理组合和配置，进行林业生产经营活动，不同生计资本水平和结构下不同类型农户的林地利用特征也存在差异，因此在研究生计资本对农户林地利用的影响时需要将不同生计资本水平和结构下不同类型农户进行划分，去研究其行为。此外，在农户经济行为的影响中还不应该忽视社会环境因素，诸如社会形态、制度结构和文化特征等。

②基于文献梳理和理论分析，构建了“生计资本—农户林地利用及收入”的理论分析框架。

第 3 章　农户林地利用行为现状与问题分析

本章首先介绍了我国的林地资源以及生产利用问题，并对我国的林地资源利用现状进行梳理，有助于深刻认识林业在我国经济发展中的地位，充分理解和把握中央集体林权制度改革的战略部署意图；然后，介绍了本书的调研区域概况和简单的样本特征描述，有助于从微观农户角度把握与林地利用密切相关的主体要素特征；最后，利用调研数据，总结出样本农户在林地利用过程中存在的主要问题，以期了解林地利用的整体状况，为后续林农生计资本和林地利用的研究奠定现实基础。

3.1　我国的林地资源

森林作为陆地生态系统的主体，在国家生态安全、国土资源开发、农村农业发展和社会经济发展中发挥着重要作用。21 世纪以来，我国是世界上森林资源增长最快的国家，也是世界林产品生产、消费和贸易大国。表 3-1 为我国森林资源主要指标按权属进行统计的面积及占比情况。

表 3-1　我国森林资源主要指标按权属统计表①（单位：万公顷、万立方米）

权属类型	林地面积	有林地面积	森林面积	活立木总积蓄	森林积蓄
国有	12185. 32	7244. 34	9384. 14	977699. 4	930928. 2
占比(%)	39. 25	37. 89	41. 02	60. 82	62. 99
集体	8694. 44	3500. 01	4387. 02	241172. 7	223619. 4
占比(%)	28. 00	18. 31	19. 17	15. 00	15. 13
个人	10002. 68	8226. 73	8960. 91	378444	313846. 5
占比(%)	32. 22	43. 03	39. 17	23. 54	21. 24
其他	163. 74	146. 42	147. 1	10090. 21	9514. 75
占比(%)	0. 53	0. 77	0. 64	0. 63	0. 64
合计	31046. 18	19117. 5	22879. 17	1607406	1477909

① 数据来源：张建龙. 中国集体林权制度改革[M]. 北京：中国林业出版社，2018：4-5.

续表

权属类型	天然林面积	天然林积蓄	人工林面积	人工林积蓄	未成林造林地面积
国有	6347.75	871702.4	896.59	59225.77	71.86
占比(%)	52.10	70.89	12.93	23.85	11.05
集体	2346.9	170991	1153.11	52628.39	130.25
占比(%)	19.26	13.91	16.63	21.19	20.03
个人	3454.42	183925.5	4772.31	129921	436.92
占比(%)	28.35	14.96	68.83	52.32	67.19
其他	35.05	2965.07	111.37	6549.68	11.23
占比(%)	0.29	0.24	1.61	2.64	1.73
合计	12184.12	1229584	6933.38	248324.9	650.26

我国林业用地面积约占国土面积的7.8%，集体林地面积占全国林地面积的60.75%，且是耕地面积的1.35倍，是林业重要的生产要素和农民重要的生活依靠。集体林在林业生态建设和产业发展中占据着不可替代的重要地位，主要表现在生态安全屏障、国土绿化、林产品主要来源和林业经济支柱等四个方面。根据第八次森林资源清查结果，我国以集体林为主的省份有22个，且各个省份集体林面积占比都超过了2/3，充分表明集体林是我国亿万人民群众生产生活的生态安全屏障。集体林对有林地面积增长的贡献率达到58.67%，对人工造林的贡献也十分突出，集体林人工造林面积占全国人工林面积的87.07%，在未成林造林面积中，集体、个人和其他主体的造林面积高达88.95%，其中个人营造的占67.19%。集体林区是与国有林区相对的一个概念，随着国有林区发展方式由获取经济利益向生态修复和生态保护方向转变，集体林区已经成为我国主要的林产品供给来源，其中集体林区的木材产量占全国总产量的83.63%，经济林产量占全国经济林总产量的82.59%，锯材产量占全国产量的73.15%，木片、木粒加工产品占全国产量的95.18%，人造板产量占全国产量的93.82%，木竹地板产量占全国产量的92.10%。在供给侧结构性改革的大背景下，集体林区对林业供给侧结构性改革的影响更加凸显，集体林业产业占全国林业总产值的86.43%，其中第一产业产值占81.4%，第二产业产值占90.56%，第三产业产值占84.29%。三产中，比例最高的为油茶产业，为99.07%，其次为林业生态服务，为94.71%，再次为木材加工和木竹藤棕苇制品，为92.02%，最低为花卉及其他观赏植物种植，为91.07%。可以看出，集体林业在第二、三产业的产值比重较大，对于农民致富具有较好的带动作用，同时也为我们提供了对于微观经营主体农户而言发展集体林业经济的方向。

3.2　我国林地资源生产利用现状

我国的林地面积为32591.12万公顷，林地面积位居前列的省份为内蒙古(4499.17万公顷)、云南(2599.44万公顷)、四川(2454.52万公顷)、黑龙江(2453.77万公顷)、西藏(1798.19万公顷)、广西(1629.50万公顷)、新疆(1371.26万公顷)、湖南(1257.59万公顷)、陕西(1236.79万公顷)、广东(1080.29万公顷)、江西(1079.90万公顷)、甘肃(1046.35万公顷)等，而林地面积较少的省份有河北(775.64万公顷)、山西(787.25万公顷)、江苏(174.98万公顷)、安徽(449.33万公顷)、宁夏(179.52万公顷)等，如图3-1所示。可以看出，我国各省份的林地面积不等，其对应的林业产业发展也必然不一样，加之国家的生态战略布局，如京津风沙治理、三北防护林体系建设以及退耕还林政策的实施等，也将带来不同生态区位林地面积的变化。

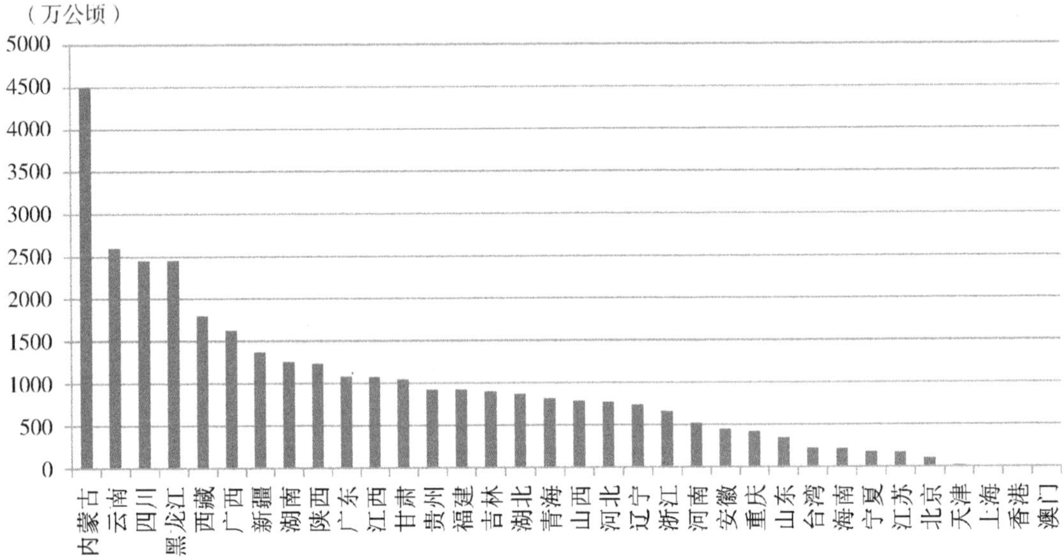

图3-1　我国各地林地面积分布图①(单位：万公顷)

3.2.1　全国林业总产值

2018年，我国林业总产值7.62万亿元，其中第一产业产值2.46万亿元(见表3-2)，第二产业产值3.50万亿元，第三产业产值1.66万亿元，林产品进出口贸易额达1600亿美元，各类经济林产品产量达1.57亿吨。产业结构布局逐渐优化，第一和第二产业稳中有进，第三产业加速发展。

① 数据来源：《中国林业和草原统计年鉴2018年》。

表 3-2 全国第一产业林业总产值①

第一产业	产值(万元)(按现行价格计算)
①林木育种和育苗	24017953
a. 林木育种	1802918
b. 林木育苗	22215035
②营造林	20653585
③木材和竹材采运	12416766
a. 木材采运	8904702
b. 竹材采运	3512064
④经济林产品的种植与采集	144920194
a. 水果种植	72713805
b. 坚果、含油果和香料作物种植	22609905
c. 茶及其他饮料作物种植	14898935
d. 森林药材种植	10665654
e. 森林食品种植	12471843
f. 林产品采集	11560052
⑤花卉及其他观赏植物种植	26140638
⑥陆生野生动物繁育与利用	5088690
第一产业合计	245808400

3.2.2 全国木材及竹材资源利用现状

我国是林产品贸易大国，在国有林区全面实施停伐政策和国家木材资源储备战略出台背景下，我国的木材供给在很大程度上减少，木材供需不平衡问题严重，提高了对外进口的依赖程度。刁钢等(2018)利用我国林业产业预警模型分析了新时期我国木材资源供需发展变化趋势，预测结果表明，到2020年我国木材的需求量约为7.6亿立方米，年均增长速度为3.7%，国内原木、锯材、木浆等木质林产品无法满足国内需求，其较高的对外依存度在一定程度上会阻碍我国木材加工行业的发展。2006年我国木材产量为6611.8万立方米，之后几年呈增长趋势，在2013年达到最高值，为8438.5万立方米，从2014年生态治理大背景下开始下滑，到2017年降至7156.8万立方米。2006—2017年我国木材产量统计，如图3-2所示。

① 数据来源：《中国林业和草原统计年鉴2018年》。

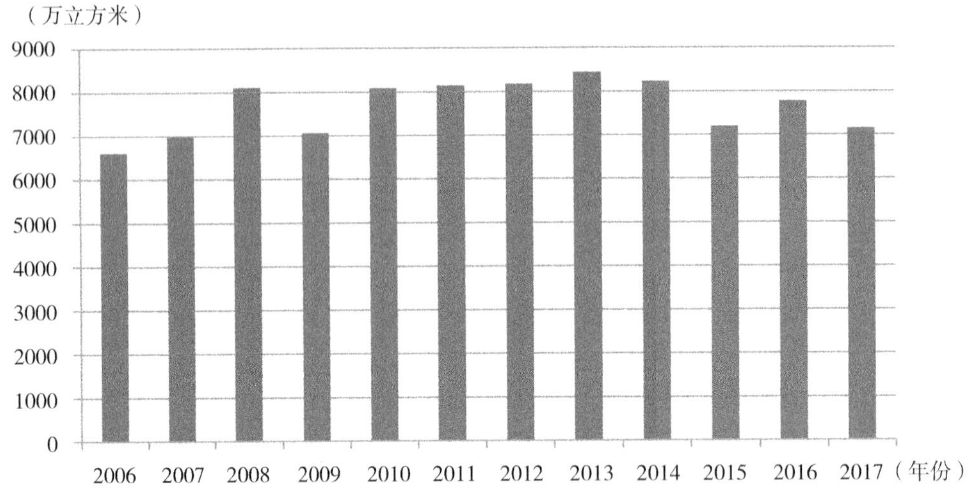

图 3-2　2006—2017 年我国木材产量统计图①

在木材产量下滑以及国内木材进口优惠政策下，木材进口量逐步提升，从 2011 年的 7211. 20 万立方米提高到 2017 年的 10849. 7 万立方米，增幅达 50. 45%。为满足基础设施建设扩大、经济发展和人民生活水平提高对木材的需求，在国家鼓励木材进口的同时，我们还应看到国内木材产量的持续下滑问题，预计到 2023 年我国木材产量将下降至 5859. 8 万立方米。2011—2017 年我国木材进口量统计，如图 3-3 所示。

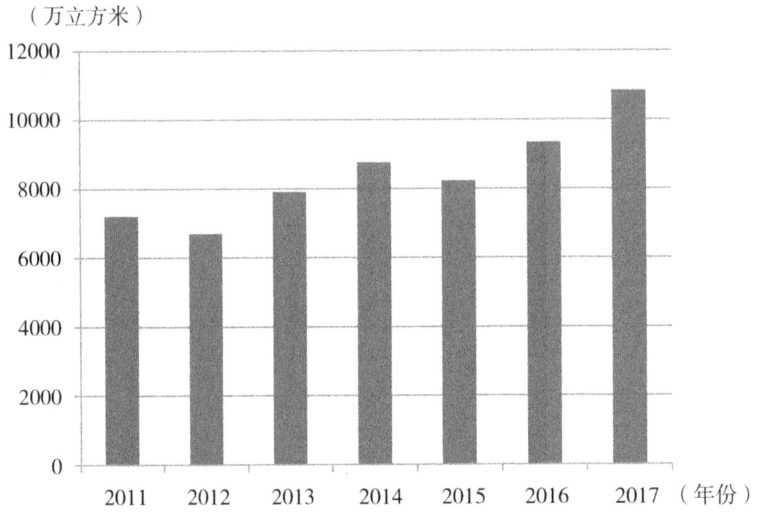

图 3-3　2011—2017 年我国木材进口量统计图②

① 数据来源：https://www.qianzhan.com/analyst/detail/220/180330-1e2ee94c.html。
② 数据来源：https://www.qianzhan.com/analyst/detail/220/180330-1e2ee94c.html。

木材主要用于纸与纸板、木材、木材、木浆、人造板、胶合板、纤维板、刨花板、实木家具等。按照使用领域划分，可分为工业木材消耗和基建、装修、农民建房等其他木材消耗两大类。2016 年，我国工业木材消耗约 60941 万立方米，其中工业木材消耗 60141 万立方米，其他木材消耗 800 万立方米，分别占比 98.69%和 1.31%。2016 年我国木材用途分布占比，如图 3-4 所示。

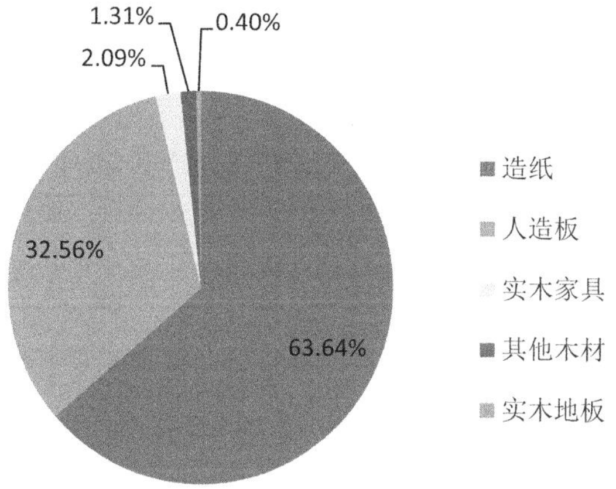

图 3-4　2016 年我国木材用途分布占比图①

我国是世界竹子中心产区之一，竹林面积占世界竹林面积的 1/4，竹类资源丰富且产量大，主要分布在我国华南、西南地区、华东地区以及华中地区。2017 年我国竹材产量为 272012.90 万根，2018 年我国竹材产量为 315517.18 万根，增幅为 15.99%，其中村及村以下各级组织和农民个人生产的人径竹为 163908.87 万根。竹材产量靠前的省份有福建(91928.00 万根)、广西(63609.76 万根)、广东(22264.36 万根)、江西(21365.64 万根)、浙江(20246.48 万根)等。上述省份竹材产量高主要得益于较好的气候条件和竹材生长环境。此外，在地理条件次之的地区也有一些省份产出一定量的竹材，如陕西(645.27 万根)、江苏(445.38 万根)、河南(118.24 万根)。竹材资源的产业发展主要包括竹笋加工、造纸、竹材胶合板、竹家具、竹纤维编织、竹醋液以及竹炭等多种复合产业，2018 年竹产品全国销售收入 258 亿元，销售量达 26 亿。

3.2.3　全国主要经济林资源利用现状

经济林作为我国主要的林产品，在 20 世纪 70 年代末，在由野生变为家植的过程中被大规模开发利用，在利用方式上从主要栽培走向深加工道路，有力促进了经济林的发展，在果林方面的深加工主要有果汁、果酒和水果罐头等产品；在调料香料方面的深加工不仅仅局限于食品和烹饪，还深入发展应用到医药、化工行业；在森林药材等方面的深加工扩大到药品、营养保健品制作等方面。经济林在生物质能方面也具有重要的作用，随着生物质

① 数据来源：经笔者加工整理而成。

能使用的政策支持力度不断加大，经济林的主要利用方式将转变成制备生物质能资源。

我国的经济林产品主要包括水果、干果、林产饮料产品、林产调料产品、森林食品、森林药材、木本油料、林产工业原料等。2018 年我国各类经济林产品总量 1. 81 亿吨，产量位居前列的主要有水果(苹果、柑橘、梨、葡萄、桃、杏、荔枝、龙眼、猕猴桃和其他水果)、干果(板栗、枣、柿子、仁用杏、榛子、松子、其他干果)、木本油料(毛茶、其他林产饮料产品)、森林食品(竹笋干、食用菌、山野菜、其他食品)和森林药品(白果、山杏仁、杜仲、黄檗、山茱萸、枸杞、沙棘、五味子、其他药品)。经济林产品产量，具体见表 3-3。

表 3-3　2018 年我国各类经济林产品产量①

各类经济林产品总量	产量(吨)
①水果	149145256
②干果	11629076
③林产饮料产品(干重)	2468514
④林产调料产品(干重)	830671
⑤森林食品	3826928
⑥森林药材	3639167
⑦木本油料	6766220
⑧林产工业原料	2478313
合计	180784145

3. 3　调研区域概况与样本特征描述

3. 3. 1　调研区域概况

我国在重点地区实施天然林保护工程之后，木材产量大幅度调减，致使木材供需缺口扩大，木材供给的结构矛盾加剧。通过高强度集约经营、定向培育、基地化建设、规模化生产，发展以速生丰产用材林、工业原料林及珍贵大径级用材林等为主的商品林基地建设，特别是提高现有中幼龄林的集约经营强度，为重点地区长期发挥木材生产基地的作用奠定基础，有助于从根本上解决木材供需矛盾。通过提高森林资源利用率和木材综合利用率，加快以人工林、“三剩物”及“次、小、薪”材等为原料的林产工业建设，推广使用林产品替代物和适度开发海外资源，减轻对森林资源利用的压力，使工程区的森林尽快恢复和发展。

① 数据来源：《中国林业和草原统计年鉴 2018 年》。

本书研究所选调研区域为陕西省和江西省林区。陕西、江西两省具有丰富的森林资源，陕西省目前是珍贵大径级用材林、工业原料林、常规用材林、名特优新经济林建设基地，江西省商品林占林地面积的60%左右，且商品林分布基本与林地分布状况一致，得益于较好的自然条件，重点培育速生丰产竹林，其竹林和经济林资源在我国处于领先地位。两省地理区域都呈现南北长、东西短的特点，且都为集体林权制度改革试点省份，在林权改革状况、林业发展水平和经济发展水平等方面具有较大的差异，选取两区域进行林业经营农户调研，所获得的农户林地资源利用数据更为全面，有助于对样本农户典型特征的差异分析，同时对生计资本与林地利用行为及收入的影响研究也具有较强的代表性和说服力。

3.3.2 样本特征描述

本书基于微观调研数据，从农户年龄、受教育水平、家庭劳动力数量、林地经营面积、家庭收入和兼业情况等评价样本区域农户基本特征，为后续研究提供微观现实背景。

①年龄方面，在被调查的654个样本农户中，见表3-4，按户主年龄分布，40岁以下为40人，占比6.12%；40~50岁为192人，占比29.36%；50~60岁为250人，占比38.23%；60~70岁为134人，占比20.49%；70岁以上为38人，占比5.81%。可见，当前林业生产领域，户主年龄集中在40~60岁，多为中年人。

表3-4 样本农户年龄分布

类别	数量(人)	占比(%)
40岁以下	40	6.12
40~50岁	192	29.36
50~60岁	250	38.23
60~70岁	134	20.49
70岁以上	38	5.81

②受教育水平方面，见表3-5，户主受教育水平为小学及以下的有208人，占比31.80%；初中的有316人，占比48.32%；中专或高中的有115人，占比17.58%；大专或本科以上的有15人，占比2.29%。可见，集体林区农户受教育水平不高，学历主要集中在初中及以下。

表3-5 样本农户受教育水平分布

类别	数量(人)	占比(%)
小学及以下	208	31.80
初中	316	48.32
中专或高中	115	17.58
大专或本科以上	15	2.29

③劳动力数量方面，见表3-6，家庭劳动力数量为2人及以下的共计448户，占比68.50%；劳动力数量为3~5人的共计191户，占比29.21%；家庭劳动力数量为6人及以上的共计15户，占比2.29%。可见，当前林业生产劳动力数量多以2人及以下为主。

表3-6　样本农户劳动力数量分布

类别	数量(人)	占比(%)
2人及以下	448	68.50
3~5人	191	29.21
6人及以上	15	2.29

④林地规模方面，见表3-7，林地面积为0~20亩的农户共计180户，占比27.52%；林地面积为20~50亩的农户共计142户，占比21.71%；林地面积为50~100亩的农户共计108户，占比16.51%；林地面积为100亩以上的共计224户，占比34.25%。可见，样本区域农户经营林地规模分布较为均匀，涵盖了大、中、小各类规模。

表3-7　样本农户林地面积分布

类别	数量(人)	占比(%)
0~20亩	180	27.52
20~50亩	142	21.71
50~100亩	108	16.51
100亩以上	224	34.25

⑤农户家庭收入方面，见表3-8，家庭总收入小于1万元的农户共计52户，占比7.95%；家庭总收入为1万~3万元的农户共计105户，占比16.06%；家庭总收入为3万~5万元的农户共计248户，占比37.92%；家庭总收入为5万~10万元以上的农户共计164户，占比25.08%；大于10万元的农户为85户，占比13.00%。可见，样本区域农户家庭收入集中于3万~5万元，并不高。

表3-8　样本农户家庭收入分布

类别	数量(人)	占比(%)
小于1万元	52	7.95
1万~3万元	105	16.06
3万~5万元	248	37.92
5万~10万元	164	25.08
大于10万元	85	13.00

⑥农户兼业方面，调查样本中 56.12%的农户都进行了林业兼业生产，仅 43.88%的农户没有进行林业兼业生产。

3.4 样本农户林地利用中存在的问题

3.4.1 人均林地数量少、产出低

我国人均林地面积不足世界平均水平的 1/4，人均森林蓄积量仅是世界平均水平的 1/8。随着近些年退耕还林工程以及植树造林工程的巨大投入，我国林地面积逐渐增大，截至 2018 年，全球人均森林面积 7.5 亩，我国人均森林面积 2.28 亩，约占世界人均林地面积的 30.4%，虽然从不足 25%提升至了 30.4%，但依然处于较低水平，大大制约了我国林业经济效益和生态效益的发挥。从用材林产出角度来看，我国林业的生产力也远低于林业发达国家，森林资源采伐强度大、可采成熟资源有限、采伐主要集中在中幼林成为目前我国林地利用中普遍存在的问题之一。以上特征及情况在样本农户身上也得到了体现，农户的林业经营收入较低，加之林地的细碎化情况，和非农收入相比，其经营收益较低，农户会选择外出打工或从事非农就业，而从事非农经营的农户会存在林地撂荒的现象。虽然可通过林业市场化行为通过流转等方式实现规模化经营以及将非从事林业生产林地流转给大户经营，但由于林业的市场化程度还较低，在很大程度上制约了林地的流转行为，造成非林户的林地撂荒、纯林户守着小块林地的尴尬局面，林地流转无法有效实现，制约林地的规模经营水平和林地产出效率。

3.4.2 农户林地利用集约水平不高

农户对林地经营的投入包括资金投入和劳动力投入，经济实体中的资金和劳动力要素是目前影响林业生产力的关键要素，在林业由劳动集约型向资本集约型转化的过程中，要素投入直接关系到集体林面积和林业经济发展。本节中，为了衡量资金投入和劳动投入的一致性，将劳动投入按照每户家庭全年用于劳动生产的有效劳动天数(包括雇工天数)和日务林工资相乘计算折合成资金，而资本投入则为经营林地投入的总费用，包括机械作业和灌排费用、种苗费用、化肥费用、农药费用、林地租金等。

表 3-9 为样本农户林地经营年均投入现状(具体计算说明见 6.2.1 节内容)，从表 3-9 可以看出，样本总体年均总投入为 1963.09 元/hm^2，资金投入为 838.66 元/hm^2，劳动投入为 1124.43 元/hm^2，样本农户劳动投入大于经营资金投入；从不同地区来看，江西省农户总投入为 2197.88 元/hm^2，陕西省农户总投入为 1728.28 元/hm^2，江西省农户资金投入为 975.16 元/hm^2，陕西省农户资金投入为 702.15 元/hm^2，江西省农户劳动投入为 1222.72 元/hm^2，陕西省农户劳动投入为 1026.13 元/hm^2，江西省农户总投入均值大于陕西省农户总投入均值，且江西省农户资金投入和劳动投入均高于陕西省农户资金投入和劳动投入，原因在于陕西省集体林地性质较多为公益林，而江西省集体林地性质较多为商品林，商品林要素投入高于公益林投入。

表 3-9　样本农户林地经营投入现状

	样本总体	陕西省	江西省
资金投入(元/hm^2)	838.66	702.15	975.16
劳动投入(元/hm^2)	1124.43	1026.13	1222.72
总投入(元/hm^2)	1963.09	1728.28	2197.88

从上述分析可以看出，农户家庭当前经营林地的资金投入和劳动投入仍处于较低水平，农户营林积极性并不高，经营方式仍较为粗放。由于林业生产周期长，自然灾害风险较大，打破投资壁垒并进一步刺激农户营林投资需要克服诸多限制约束，因此，第 6 章通过实证来检验生计资本对农户林地利用集约度的影响，以期从生计资本视角解决农户林业生产经营过程中投资力度不够的问题。

3.4.3　农户林地利用效率有待提升

调研样本显示，35%的农户认为得益于林业科技培训、家庭生产机械以及丰裕的营林资金投入，其林地资源生产利用具有较高的效率，较多的投入也带来了较好的报酬。65%的农户对其林地资源生产利用感到效率低下，并认为受教育水平、对林业知识和技术的获取等影响了自己的林业生产效率。此外，家庭中有公益林的农户表示，对商品林进行投资管理，但公益林并没有好好利用，仅发挥了生态作用，林下经济发展比较少甚至是没有发展，如能对其充分利用，发展林下经济加工产业等，在提高经济效益的同时也将极大提升林地利用效率，说明在实际中，林地利用方面仍有很大提升空间，林地的利用效率也待进一步加强。

3.5　本 章 小 结

本章对我国的林地资源进行了概括说明，分析了林地资源以及生产利用现状，对目前我国用材林、经济林和竹林资源的利用现状进行梳理，同时对调研区域的概括和样本的特征描述进行分析，并指出样本农户林地利用中存在的问题，主要研究结论如下。

①集体林业在第二、三产业的产值比重较大，对于农民致富具有较好的带动作用，但我国各省份的林地面积不等，其对应的林业产业发展也必然不一样，加之国家的生态战略布局，如京津风沙源治理、三北防护林体系建设以及退耕还林政策的实施等，也将带来不同生态区位林地面积的变化。

②当前林业生产领域，户主年龄集中在 40~60 岁，多为中年人。集体林区农户受教育水平不高，学历主要集中在初中及以下。当前林业生产劳动力数量多以 2 人及以下为主；农户经营林地规模分布较为均匀，涵盖了大、中、小各类规模；但家庭收入不高，多集中于 3 万~5 万元。在农户兼业方面，调查样本中 56.12%的农户都进行了林业兼业生产，仅 43.88%的农户没有进行林业兼业生产。

③样本农户林地利用中存在的问题主要表现在人均林地数量少、产出低、农户林地利用集约水平不高、林地利用效率有待提升等方面。

第 4 章　农户生计资本的综合评价

从前述章节分析可知，农户的林地利用受生计资本的影响，因此本章在可持续生计分析框架下，将生计资本设定为人力资本、自然资本、物质资本、金融资本和社会资本，借鉴相关学者研究构建农户生计资本评价指标体系，并采用熵值法确定各指标权重，测算出生计资本各要素值与总值，从而为后续研究提供数据支撑；随后，按照兼业化程度对农户生计类型进行划分，对不同类型农户的生计资本水平差异和生计资本结构差异进行分析，并对农户生计资本特征进行概括，从而为后续的实证分析奠定基础。

4.1　农户生计资本评价指标体系构建

4.1.1　指标体系的构建原则

林业经营农户主要有以下特征：一是对林业资源的依赖性；二是生产成本高，但组织成本和内部交易成本较低；三是追求家庭效用和利润的最大化；四是从同质化特征向异质化特征转变。农户可通过人力资本投入、社会资源获取等渠道来影响生计策略的改变。因此，应结合农户自身特征和区域环境特征，在遵循科学性、可操作性和层次性的原则下，合理选取农户生计资本评价指标。

(1)科学性原则

农户生计资本评价指标选择的科学性，直接关系到农户的生计资本值以及对生产效率影响的准确性，因此，科学选择能够综合反映农户生计资本的评价指标是不容小视的。选取的指标既要避免重复和烦琐，也要避免遗漏反映生计资本特征的重要指标。

(2)可操作性原则

选取的指标能够完整地反映与研究区域农户实际情况相符的集体林经营特点，用关键的指标反映出农户生计中最重要方面的特征和实际水平，且还需要很强的代表性和对应性，以利于后续工作的开展。

(3)层次性原则

生计资本指标选择要具有层次性，由于农户生计资本可以层层分解，指标体系应包括 3 个层次，即目标层、准则层和细化层。通过指标的层层细化，选取属于生计资本重点和核心的可量化指标，有助于更加全面、准确地代表农户的生计特征，对农户的生计资本进行准确评价。

4.1.2　生计资本指标选取

在可持续生计分析框架下，农户被看作处于一定因素影响下的风险环境中，通过生计资本最优增殖和组合来实现可持续生计水平最大化，确保对自然资源的可持续使用和生计安全。生计资本构成要素包括人力资本、自然资本、物质资本、金融资本和社会资本。人力资本是个人所具备的知识、技能以及劳动力数量；自然资本是农户用来维持生计的林地、水等资源；物质资本是家庭长期存在的机器设备、住房等生产生活所具有的资产；金融资本是农户生产生活中可支配的资金或获得资金的能力；社会资本是人们可以动用的社会资源，包括社会网络、声望、规范等。这五种生计资本在一定程度上可以进行相互转化，描述了农户在林业经营过程中受政策、机构、制度等影响，生计目标、生计过程的交互变化过程。

(1)人力资本

人力资本是农户自身为了维持生计所获得的知识、能力等，起源于 20 世纪 60 年代的人力资本理论。集体林区农户人力资本存量的提高有利于林业产值的增长(宋洪峰等，2012)，特别是西部地区人力资源在林业可持续发展中发挥了重要作用(赵璟等，2004)。借鉴前人研究(陈卓等，2014；魏秀华等，2019)，本书选取年龄、户主健康状况、户主受教育水平、是否兼业和劳动力数量 5 个指标衡量人力资本，其中受教育水平反映了人力资本质量情况，劳动力数量反映了人力资本数量情况。

(2)自然资本

自然资本是农户能够充分利用并维持生计的林地、水等资源。参考已有研究(陈卓等，2014；赵文娟等，2016)，集体林区农户自然资本选用林地面积、林地块数、耕地面积 3 个指标进行衡量。李聪等(2014)研究表明，受搬迁工程影响，陕西省农户的自然资本受到了一定程度的损失；张旭锐(2020)等发现，自然资本对陕西省和江西省不同商品林的林业生产效率均具有显著影响。

(3)物质资本

物质资本是指集体林区农户除了拥有的自然资产之外，家庭长期存在的机器设备、住房等生产生活所具有的资产。参考已有研究(贺志武等，2018)，选取家庭耐用消费品、家庭住房价值 2 个指标衡量物质资本。集体林区农户的物质资本代表了农户家庭的居住条件、生产工具等。

(4)金融资本

金融资本是集体林区农户生产生活中可支配的资金或获得资金的能力。参考已有研究(陈卓等，2014)，选取家庭存款数、家庭总收入和融资渠道 3 个指标衡量金融资本。集体林区农户金融资本意味着农户能够从正规渠道或非正规渠道获取的现金多寡，农户金融资本越充裕，可以促进农户转入林地，加大林业生产投入，形成规模效益。融资渠道的计算过程如下：若农户没有贷款经历，则取值为 0，若有其中一种贷款或借款经历，则取值为 1，最高取值为 3。

(5)社会资本

社会资本是人们可以动用的社会资源，包括社会网络、声望、规范等。参考已有研究

(苏慧，2019)，选取能人数量、礼金支出、与邻居交往程度和社会参与4个指标衡量社会资本。其中，社会参与主要是指对村里公共事务的参与程度以及参与村集体活动的频率。苏慧(2019)的研究表明，社会资本对集体林区农户林业生产的纯技术效率和规模效率均有显著影响。

4.1.3 指标体系的构建

根据指标体系的构建原则，结合集体林区的特殊状况，在国内外学者关于生计资本量化研究基础上，综合考虑地理环境、区域经济、生产类型和资源禀赋等，对前文设定的5种生计资本测量指标进行设计，具体见表4-1。

表4-1 农户生计资本评价指标体系

资产类型	指标名称	指标描述
人力资本	年龄	实际年龄(岁)
	户主健康状况	1=非常差，2=比较差，3=一般，4=比较好，5=非常好
	受教育水平	1=小学及以下，2=初中，3=中专或高中，4=大专或本科以上
	是否兼业	1=是，0=否
	劳动力数量	农户家中劳动力数量(人)
自然资本	林地面积	农户家庭拥有的林地面积(亩)
	耕地面积	农户家庭拥有的耕地面积(亩)
	林地块数	农户家庭拥有的林地块数(块)
物质资本	家庭耐用消费品	耐用消费品数量占所列选项总数的百分比
	家庭住房价值	农户家庭住房的市场价值(万元)
金融资本	家庭存款数	家庭拥有的存款数量(万元)
	家庭总收入	1=总收入<1万元，2=总收入在1万~3万元，3=总收入在3万~5万元，4=总收入在5万~10万元，5=总收入>10万元
	融资渠道	由"从银行贷款""从非正规金融机构或个人贷款""从亲朋好友处借钱"三个指标计算而得
社会资本	能人数量	亲戚朋友中在政府、机关、事业单位等工作的人数
	礼金支出	家庭实际礼金支出(万元)
	与邻居交往程度	1=几乎不；2=不经常；3=一般；4=经常；5=很频繁
	社会参与	1=低；2=较低；3=一般；4=较高；5=高

注：家庭耐用消费品所列选项为彩电、冰箱、洗衣机、电动车、汽车、空调、计算机、手机、摩托车、农用机械。

4.2　生计资本的测度

4.2.1　指标权重确定

指标权重的确定方法主要有层次分析法(AHP)、网络分析法(ANP)和熵值法三种。层次分析法又称为“专家评判法”，其指标权重大小由专家自身的知识结构和喜好决定，主观意愿虽然能很好地得到表达，但欠缺一定的科学性和稳定性，一般应用于数据收集困难和信息不准确的量化指标评价中。而熵值法作为一种客观赋值方法，通过对样本指标特征值进行分析计算来得出权重，在数据处理上具有较好的规范性，被广泛用于经济学、统计学各个领域。结合本书样本数据量及可操作性，为避免主观因素影响，本书采用熵值法进行权重确定。

熵的概念来源于热力学，是对系统状态不确定性的一种度量。在信息论中，信息是系统有序程度的一种度量，熵是系统无序程度的一种度量，信息和熵的绝对值相等，但符号相反。根据这一性质，可以对方案中固有的信息通过熵值法得到各个指标的信息熵，信息熵越小，也就意味着系统的无序程度越低，其信息的效用值越低，进而指标权重也越大。其最大特点是直接利用决策矩阵所给出的信息计算权重，避免了主观判断。如果用 P_j 表示第 j 个信息的不确定程度，则整个信息的不确定度量可用下式进行表示：

$$S = -K\sum_{j=1}^{n} P_j \ln(P_j) \tag{4-1}$$

其内涵是一个规划问题，即目标函数为 $\min = \mathrm{sum}(P_j * \ln(P_j))$，约束条件为 $\mathrm{sum}(P_j) = 1$；而最优解为 $P_1 = P_2 = \cdots = P_n = \dfrac{1}{n}$，其中 K 为正常数，当各个信息发生概率相等时，即 $P_j = \dfrac{1}{n}$，S 取值最大，也就是熵最大。所有方案对于第 j 项指标的贡献总量为：

$$E_j = -K\sum_{i=1}^{m} P_{ij} \ln(P_{ij}) \tag{4-2}$$

其中常数 $K = 1/\ln(m)$，由式(4-2)可以看出，当某个属性下各方案的贡献度趋于一致时，E_j 趋于 1，即属性值由所有方案差异大小来决定权系数的大小。各属性权重的表达式为：

$$W_j = \frac{d_j}{\sum_{j=1}^{n} d_j} \tag{4-3}$$

利用熵值法测算的农户生计资本各个指标的权重，见表 4-2。通过表 4-2 可以看出，权重较大的指标主要有林地面积(0.106)、家庭总收入(0.104)和社会参与(0.083)，表明不同农户之间的收入差距较大，农户家庭拥有的林地面积以及社会参与情况差别也较大。权重最小的指标为户主健康状况(0.021)，表明在农户人力资本中，在健康方面相互之间差异不大。

表 4-2 农户生计资本评价指标权重

资产类型	测量指标	权重	资产类型	测量指标	权重
人力资本	年龄	0.057	物质资本	家庭耐用消费品	0.038
	户主健康状况	0.021		家庭住房价值	0.049
	受教育水平	0.046	金融资本	家庭存款数	0.067
	是否兼业	0.055		家庭总收入	0.104
	劳动力数量	0.071		融资渠道	0.041
自然资本	林地面积	0.106	社会资本	能人数量	0.037
	耕地面积	0.035		礼金支出	0.068
	林地块数	0.044		与邻居交往程度	0.078
				社会参与	0.083

4.2.2 生计资本测算

在权重计算基础上，通过农户生计资本指标的标准化数值与各自对应的生计资本权重值相乘，得到农户的生计资本指标值。生计资本指标值的计算公式如下：

$$Z = \sum_{i=1}^{5} \sum_{j}^{n} W_{ij} Z_{ij} \tag{4-4}$$

式中 Z 指生计资本指标总值，W_{ij} 为第 i 类生计资本第 j 项指标的权重，Z_{ij} 是第 i 类生计资本第 j 项指标的标准化值，n 为测量指标数。农户生计资本均值，见表 4-3，从表中可知，林区农户的人力资本均值最高，为 0.59；其次是物质资本，为 0.44；生计资本均值最低的为金融资本，为 0.24；生计资本总均值为 1.82。

表 4-3 农户生计资本均值

资本类型	人力资本	自然资本	物质资本	金融资本	社会资本
资本均值	0.59	0.27	0.44	0.24	0.28

4.3 农户生计资本综合评价结果

4.3.1 农户生计类型划分

目前，国内学者关于农户生计类型的划分，主要是从经济收入来源进行划分，如社科院农村发展研究所提出的将农业收入占家庭总收入 95%以上的称为纯农户，在 95%以下但在 5%以上的称为兼业户，农业收入不足家庭总收入 5%的称为非农户，也有机构和部门将 95%的比例调整到 90%来进行农户类型划分。在这一划分基础上，学者们对农户类型有了多种划分，如伍艳(2015)将农户类型分为农业专业型为主和非农单一化为主两大类；周升强和赵凯(2018)按照人均纯收入分级，将农户类型划分为低收入户、中等偏下收入户、中等收入户、中等偏上收入户和高收入户。也有从农户职业类型进行的划分，如陈春生(2007)将小农户划分为传统农户、非农农户、专业种植与养殖户、经营与服务性农户、半工半农型农户五类。与按照收入来源对农户类型进行划分不同的另一方法是聚类分析法，如陈方等(2017)运用聚类分析法将农户分为农业户、兼业户和非农业户，并指出两种方法的区别主要在于非农户和兼业户的户数。

考虑研究区的实际情况，本书选择被广大学者普遍采用的收入划分法，依据林业收入占家庭整体收入的比例将农户类型划分为纯林业户(90%≤FIR≤100%)、林业兼业户(50%≤FIR<90%)、兼业林业户(10%≤FIR<50%)和非林业户(0%≤FIR<10%)4 类。

4.3.2　农户生计资本特征分析

(1)原始表征指标特征分析

首先对生计资本原始表征指标进行描述性统计，具体见表 4-4。

表 4-4　农户生计资本评价指标体系

资产类型	指标名称	最小值	最大值	均值	标准差
人力资本	年龄(岁)	30	88	53.53	9.65
	户主健康状况	1	5	3.83	0.46
	受教育水平	1	5	1.90	0.76
	是否兼业	0	1	0.56	0.49
	劳动力数量	0	6	2.26	1.28
自然资本	林地面积(亩)	0.5	2751	152.84	296.99
	耕地面积(亩)	0.5	96	16.87	11.01
	林地块数	1	12	3.98	2.54
物质资本	家庭耐用消费品	0.1	1	0.41	0.12
	家庭住房价值(万元)	1	42	6.12	5.79
金融资本	家庭存款数(万元)	0	44	2.89	5.57
	家庭总收入(万元)	1	5	3.22	0.73
	融资渠道	0	3	0.19	0.25
社会资本	能人数量	0	8	0.23	0.72
	礼金支出(万元)	0	7	0.36	0.49
	与邻居交往程度	1	5	2.83	1.31
	社会参与	1	5	3.01	0.94

从人力资本情况来看，农户平均年龄在53岁，健康状况差异较小，且受教育水平均值为1.90，表明多集中在初中文化水平，家庭劳动力数量平均在2个左右，且56%的农户都进行了兼业活动。在自然资本方面，农户拥有的林地面积大小不一，最少的拥有0.5亩，最多的拥有2751亩，差距较大；林区农户的耕地面积相差不大且不多；平均拥有的林地块数为3.98块。在物质资本方面，家庭耐用消费品的平均占比为41%；家庭住房价值差距较大，最小为1万元，最大为42万元。在金融资本方面，农户的存款数都不多，为2.89万元；总收入也多集中在3万~5万元，融资渠道较不通畅，均值仅为0.19。在社会资本方面，农户平均拥有能人数量不足1个；礼金支出的差距也较大，最多的为7万元；与邻居交往程度和社会参与均值基本与一般水平持平，农户之间的社会参与和交往程度还处于较好的状态。

(2)生计资本水平特征分析

根据农户的生计资本指标值，表4-5为不同省份的农户生计资本特征分析，其中陕西省327户，江西省327户。如表4-5所示，样本总体的人力资本、自然资本、物质资本、金融资本、社会资本和生计资本总值分别为0.59、0.27、0.44、0.24、0.28。陕西省的人力资本、物质资本、金融资本、社会资本值略低于江西省，而自然资本值略高于江西省，说明不同省份的农户在不同类型的生计资本上存在差异。

表4-5 不同省份的农户生计资本特征分析

资本禀赋	样本总体	陕西省	江西省
人力资本	0.59	0.55	0.62
自然资本	0.27	0.27	0.24
物质资本	0.44	0.39	0.44
金融资本	0.24	0.20	0.26
社会资本	0.28	0.26	0.32
总生计资本值	1.82	1.67	1.88

将表4-5进行更直观的表示，如图4-1所示。

依据森林主导利用目的的不同和森林提高产品和服务属性的不同，将森林划分为公益林和商品林，其中公益林141户，商品林513户。表4-6为不同类型农户生计资本分析。由表4-6可知，公益林经营农户生计资本总值为1.76，商品林经营农户生计资本总值为1.80，商品林经营农户生计资本总值大于公益林经营农户生计资本总值。商品林经营农户的人力资本值和金融资本值都大于公益林经营农户，这可能是由商品林经营特性决定的，用材林、经济林、竹林在家庭劳动力配置及林地投资、流转等方面与公益林存在较大差异，对人力资本、金融资本的需求较高。公益林经营农户的自然资本、物质资本和社会资本值较高于商品林经营农户，分别高出0.03、0.05和0.04。两类型农户生计资本存在一定程度的差异，根本是由不同林业经营类型下的林业政策影响农户收入而造成的，目前国

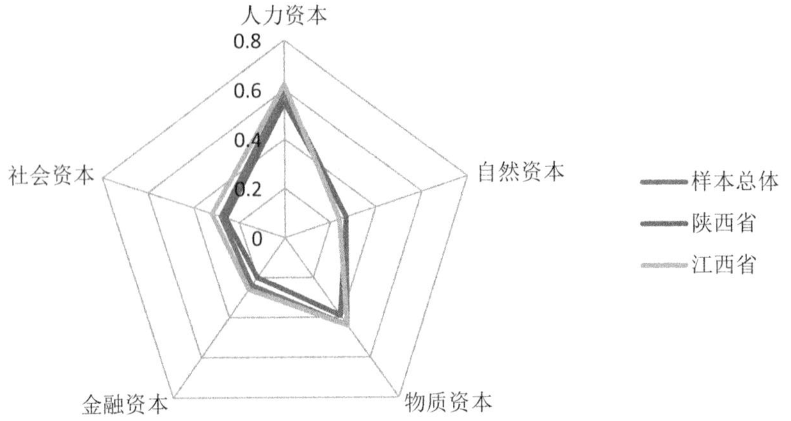

图4-1　不同省份的农户生计资本示意图

家对商品林实行限额采伐管理制度，在实际运行中会出现“上面采伐指标用不完，下面采伐指标不够用”的现象，以及地方政府对用户变相征收的木材采伐税费，直接导致农户的林木采伐成本加大，严重挫伤了其营林生产的积极性，农户会出现将立地条件较好的林地改变经营类型或进行流转的行为，进而改变其生计资本结构。

表4-6　不同林地类型农户生计资本分析

资本禀赋	样本总体	公益林	商品林
人力资本	0.59	0.55	0.65
自然资本	0.27	0.27	0.24
物质资本	0.44	0.44	0.39
金融资本	0.24	0.20	0.26
社会资本	0.28	0.30	0.26
总生计资本值	1.82	1.76	1.80

将表4-6进行更直观的表示，如图4-2所示。

(3)生计资本结构特征分析

为了考察农户资本禀赋的强弱情况，将农户划分为强资本型和弱资本型农户，具体划分方法是农户的资本禀赋大于资本禀赋均值的为强资本型，小于均值的农户为弱资本型。(张童朝等，2017)对于本书而言，人力资本值大于0.59的为强人力资本型，自然资本值大于0.27的为强自然资本型，物质资本值大于0.44的为强物质资本型，金融资本值大于0.24的为强金融资本型，社会资本值大于0.28的为强社会资本型，生计资本总值大于1.82的为强生计资本型。由表4-7可知，目前林区农户以弱资本型为主，占比为58.56%，表明林区多数农户的生计资本均处于较低水平。从生计资本分维水平来看，弱金融资本型与弱自然资本型农户占比最大，分别为70.03%和68.96%，强自然资本型和强金融资本

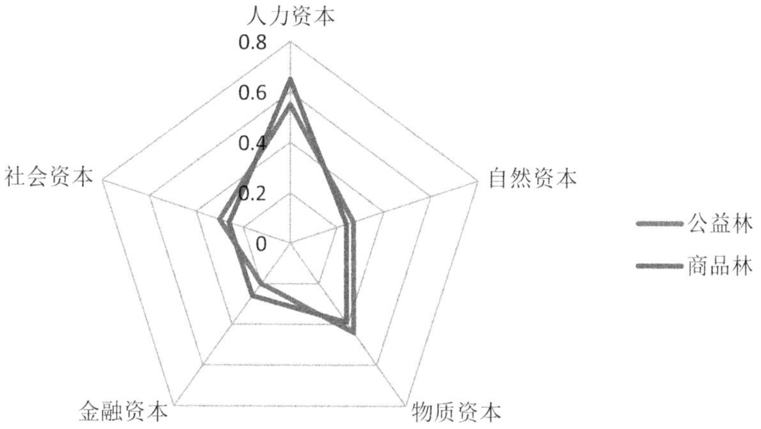

图 4-2 不同林地类型下的农户生计资本示意图

型农户类型占比最小，分别为 31.04%和 29.97%。

表 4-7 农户生计资本类型分布

生计资本类型	数量	占比(%)
强资本型	271	41.44
弱资本型	383	58.56
强人力资本型	290	44.34
弱人力资本型	364	55.66
强自然资本型	203	31.04
弱自然资本型	451	68.96
强物质资本型	261	39.91
弱物质资本型	393	60.09
强金融资本型	196	29.97
弱金融资本型	458	70.03
强社会资本型	257	39.30

同时，根据分维资本水平结构差异，将农户在其五类生计资本中占最大值的一类称为资本占优，即如果某农户在五类生计资本值中，人力资本的值最大，则称该农户为人力资本占优型农户，以此类推，分别为人力资本占优、自然资本占优、物质资本占优、金融资本占优和社会资本占优，其数量分布情况，见表 4-8。人力资本占优和社会资本占优数量最多，占比分别为 29.36%和 24.01%，金融资本和物质资本占优比例较低，为 9.48%和 14.83%，且其差距较大。

表 4-8　农户生计资本结构异质性分布

生计资本类型	数量	占比(%)
人力资本占优	192	29.36
自然资本占优	146	22.32
物质资本占优	97	14.83
金融资本占优	62	9.48
社会资本占优	157	24.01
合计	654	100

4.3.3　不同类型农户生计资本水平差异

根据 4.3.1 节对农户生计类型的划分，纯林户有 161 户、林业兼业户有 132 户、兼业林业户有 235 户、非林户有 126 户，对不同生计类型农户的人力资本、自然资本、物质资本、金融资本和社会资本进行对比分析，具体结果，见表 4-9。同时，对不同生计类型农户生计资本原始表征指标比较，以深入分析不同类型农户生计资本水平的差异所在，具体结果，见表 4-10。

表 4-9　不同生计类型农户生计资本水平比较

资本类型	总样本	纯林户	林业兼业户	兼业林业户	非林户
人力资本	0.59	0.58	0.59	0.63	0.62
自然资本	0.27	0.31	0.28	0.24	0.22
物质资本	0.44	0.48	0.47	0.43	0.42
金融资本	0.24	0.23	0.23	0.24	0.27
社会资本	0.28	0.26	0.27	0.28	0.31
总值	1.82	1.86	1.84	1.82	1.84

表 4-10　不同生计类型农户生计资本原始表征指标比较

指标名称	总样本	纯林户	林业兼业户	兼业林业户	非林户
年龄(岁)	53.53	53.96	53.09	53.26	53.20
户主健康状况	3.83	3.79	3.83	3.81	3.80
受教育水平	1.90	1.71	1.73	1.82	1.96
是否兼业	0.56	0.11	0.41	0.53	0.79
劳动力数量	2.26	1.61	2.16	2.88	1.82

续表

指标名称	总样本	纯林户	林业兼业户	兼业林业户	非林户
林地面积(亩)	152.84	103.33	56.68	45.46	16.9
耕地面积(亩)	16.87	9.28	11.67	24.91	22.11
林地块数	3.98	4.37	3.45	3.27	1.16
家庭耐用消费品	0.41	0.58	0.49	0.40	0.48
家庭住房价值(万元)	6.12	5.24	6.33	7.11	6.90
家庭存款数(万元)	2.89	2.88	2.54	2.87	3.84
家庭总收入(万元)	3.22	2.54	2.80	2.71	3.84
融资渠道	0.19	0.30	0.24	0.17	0.60
能人数量	0.23	0.18	0.26	0.22	0.27
礼金支出(万元)	0.36	0.42	0.22	0.25	0.67
与邻居交往程度	2.83	2.79	2.38	2.44	2.63
社会参与	3.01	2.15	2.04	3.12	3.33

(1)生计资本总值

样本农户的生计资本总值平均水平较低，说明林区经济发展水平落后、农户的生计资源较少，生活质量不高。生计资本总值排序方面，纯林户(1.86)>林业兼业户(1.84)=非林户(1.84)>兼业林业户(1.82)。纯林户的生计资本值远高出总样本平均值，林业兼业户、兼业林业户和非林户的生计资本值与均值基本保持一致。

(2)人力资本

人力资本总值排序方面，兼业林业户(0.63)>非林户(0.62)>林业兼业户(0.59)>纯林户(0.58)。兼业林业户与非农户的人力资本值相差不大，但兼业林业户的人力资本值比纯林户高出0.05。此外，从人力资本原始表征指标来看，兼业林业户的受教育水平以及劳动力数量均较高，表明劳动力相对剩余，加上较高的受教育水平，对事物的接受程度较深，有利于从事非农工作来获取较多收入。

(3)自然资本

自然资本总值排序方面，纯林户(0.31)>林业兼业户(0.28)>兼业林业户(0.24)>非林户(0.22)，纯林户具有较高的自然资本值，人均林地面积为103.33亩，平均林地块数为4.37块，而非林户的林地面积仅为16.9亩。

(4)物质资本

物质资本总值排序方面，纯林户(0.48)>林业兼业户(0.47)>兼业林业户(0.43)>非林户(0.42)。其排序与自然资本保持一致，物质资本反映了农户在生产经营过程中所使用的机器设备、基础设施、生产工具等，有助于提高林业生产的效率，同时也能够带来省工性资本的积累，弥补人力资本的不足，这也正好从人力资本总值排序中纯林户的人力资本值最小中得到印证。

(5)金融资本

金融资本总值排序方面，非林户(0.27)>兼业林业户(0.24)>林业兼业户(0.23)=纯林户(0.23)。非林户拥有较高的非林收入，带动了金融资本的增长和积累。

(6)社会资本

社会资本总值排序方面，非林户(0.31)>兼业林业户(0.28)>林业兼业户(0.27)>纯林户(0.26)。非林户从事非农就业，具有较高的人力资本，获取非农就业的机会也较多，社会关系广泛，且能够更加合理地利用金融资源，发挥金融资源对收入的助推作用，在人力资本影响农户收入的过程中也起到调节作用。这一结果表明，社会资本的多少对于农户的非农就业活动具有重要影响。

4.3.4　不同类型农户生计资本结构差异

根据 4.3.2 节农户生计资本结构特征中的分析，分别考察纯林户、林业兼业户、兼业林业户和非林户的生计资本强弱情况以及农户各生计资本结构占比情况。表 4-11 反映了不同生计类型农户生计资本的强弱情况，表 4-12 反映了不同生计类型农户生计资本结构占比情况。由表 4-11 可知，样本农户的生计资本总体上表现为弱资本型，纯林户和兼业林业户的弱资本型表现得不明显，与较强资本型人数分别相差 7 和 13；林业兼业户和非林户表现出了较强的弱资本型，与较强资本型人数分别相差 52 和 54。纯林户表现出了强自然资本型、强物质资本型，林业兼业户表现出了强物质资本型，兼业林业户在各个生计资本维度上都变现出了弱资本型，非林户表现出了强社会资本型。以上结果表明，生计资本结构差异与农户的生计类型特征相关，这种差异将会影响农户的林地利用及其收入。

表 4-11　不同生计类型农户生计资本类型比较　　（单位：户）

生计资本类型	数量	纯林户	林业兼业户	兼业林业户	非林户
强资本型	271	84	40	111	36
弱资本型	383	77	92	124	90
强人力资本型	290	53	60	89	88
弱人力资本型	364	108	72	146	38
强自然资本型	203	96	62	33	12
弱自然资本型	451	65	70	202	114
强物质资本型	261	84	89	75	13
弱物质资本型	393	77	43	160	113
强金融资本型	196	76	48	23	49
弱金融资本型	458	85	84	212	77
强社会资本型	257	35	51	68	103
弱社会资本型	397	126	81	167	23

表 4-12 不同生计类型农户生计资本结构比较 (单位：户)

资本类型	总样本	纯林户	林业兼业户	兼业林业户	非林户
人力资本占优	192	33	32	73	54
自然资本占优	146	46	36	35	29
物质资本占优	97	41	23	32	1
金融资本占优	62	13	11	36	2
社会资本占优	157	28	30	59	40
合计	654	161	132	235	126

由表 4-12 可知，纯林户中自然资本占优的农户占比最多，为 46 户，占比 28.57%，其次是物质资本占优，为 41 户，占比 25.46%，这与生计资本水平的结果较为一致，反映了纯林户的生产特点，即自然资本和物质资本较为丰厚。在林业兼业户中，自然资本占优的农户数为 36 户，占比 27.27%，金融资本占优的农户数仅为 11 户，占比 8.33%。兼业林业户和非林户中的人力资本占优均排名第一位，分别为 73 户和 54 户，占比 31.06%和 42.85%，这与表 4-9 中的结果较为一致，即非农户拥有较多人力资本，有助于外出务工的实现。从横向来看，人力资本占优的农户类型主要为兼业林业户和非林户，自然资本占优的农户类型主要为纯林户，物质资本占优的农户类型主要为纯林户，金融资本占优的农户类型主要为兼业林业户，社会资本占优的农户类型也是兼业林业户，说明不同类型农户的生计资本结构之间也存在着较大的差异，但在一定程度上受生计资本水平值的影响。

4.4 本章小结

本章根据研究区的实际情况，按照科学性、可操作性和层次性的原则以及林区农户自身特点，选取生计资本指标构建农户生计资本评价指标体系，运用熵值法对农户的生计资本指标权重进行确定，并测算农户生计资本值，从生计资本水平和结构方面对不同类型农户的生计资本进行了综合评价。主要研究结论如下。

①选取年龄、户主健康状况、受教育水平、是否兼业、劳动力数量、林地面积、耕地面积、林地块数、家庭耐用消费品、家庭住房价值、家庭存款数、家庭总收入、融资渠道、能人数量、礼金支出、与邻居交往程度和社会参与共计 17 个指标来衡量农户的生计资本。

②采用熵值法确定农户的生计资本指标权重，权重较大的指标主要有林地面积(0.106)、家庭总收入(0.104)和社会参与(0.083)，表明不同农户之间的收入差距较大，农户家庭拥有的林地面积以及社会参与情况差别也较大。权重最小的指标为户主健康状况(0.021)，表明在农户人力资本中健康方面相互之间差异不大。

③生计资本总体特征方面，陕西省的人力资本、物质资本、金融资本、社会资本值略低于江西省，而自然资本值略高于江西省，说明不同省份的农户在不同类型的生计资本上存在差异。公益林经营农户生计资本总值为 1.76，商品林经营农户生计资本总值为 1.80，

商品林经营农户生计资本总值大于公益林经营农户生计资本总值。目前，林区农户以弱资本型为主，占比为 58. 56%，表明林区多数农户的生计资本均处于较低水平。从生计资本分维水平来看，弱金融资本型与弱自然资本型农户占比最大，分别为 70. 03%和 68. 96%，强自然资本型和强金融资本型农户类型占比最小，分别为 31. 04%和 29. 97%。

④依据林业收入占家庭整体收入的比例将农户类型划分为纯林业户、林业兼业户、兼业林业户和非林业户 4 类。不同类型农户生计资本在水平和结构上存在较大差异，生计资本结构差异与农户的生计类型特征相关，在一定程度上受生计资本水平值的影响，且这种差异将会影响农户的林地利用及其收入。

第 5 章　生计资本对农户林地利用方式的影响

农户林地经营是指农户以林地为载体从事林业生产的一种利益追求活动，从完整意义上讲包括供应(种子、种苗、化肥等采购)、生产(整地、管护、抚育、技术等投入)、销售(木材、竹子、林药、林果等出售)等环节，而在此过程前需要考虑的重要问题是农户经营什么以及怎么经营，也即农户的林地利用方式问题。影响林地利用方式的因素有很多，如林业经营政策、地块面积等，但已有研究没有揭示生计资本与林地利用方式之间的关系。因此，本章将从生计资本对农户林地利用方式的作用机理出发，对不同类型农户林地利用方式进行比较，并运用计量经济学模型实证研究其存在的差异，为调整农户合理林地利用方式及政府制定促进农户生计多样化发展政策提供理论依据。

5.1　生计资本对农户林地利用方式的作用机理

正如概念界定中所述，林地利用方式是指在林地的既有属性下，农户在生产经营前所决定的林种结构，即在特定林地上选择经营什么，是一种林地利用的行为决策过程。同时，对林地利用方式的决策行为要受到家庭禀赋、外部资源环境的双重约束。林业经营农户作为理性经济人，很大程度上只能依据所拥有的生计资本状况和性质决定林地的利用方式，如何配置生计资本等家庭禀赋资源以获得收入最大化和家庭福利最大化是农户针对林地利用方式所追求的目标。发展经济学家 Becker(1965)提出了新农户经济单一模型，他认为家庭内部是一种收入集中、风险共担的基本经济单位，以家庭效用最大化作为家庭经济行为的出发点，决定其经济行为选择的关键在于家庭内部的劳动力配置。贝克尔的农户模型表明，在完全劳动力市场下，农户先做出生产决策再做出消费决策；而在不完全市场下，农户会同时做出生产决策、消费决策和劳动供给决策。纯林户和林业兼业户的林业收入占比高，主要活跃于林业生产市场，相对于兼业林业户和非林户而言，兼业程度较低的农户更大程度上处于不完全劳动力市场，因此他们的决策是同时包括生产决策、消费决策和劳动力供给决策的决策束。而兼业林业户和非林户主要处于非农市场，其生产决策行为主要是先生产决策，再消费决策，但不管是哪一种决策类型，其最终的目标都是农户利益最大化。虽然理性经济人农户的最终目标是利益最大化，但不同生计类型农户的生产决策机制不同，不同的决策机制也就产生了不同的林地利用方式决策(如图 5-1 所示)。

农户家庭决策的过程实质是将有限的生计资产在各种经济活动之间进行合理的配置过程，为此，本书构建了一个农户可以兼业情况下的家庭资源配置理论模型：

$$\begin{aligned}\mathrm{Max}E(W) = {} & p_1 \cdot F(L_\alpha,\ T,\ K,\ X_i) - C_1(T,\ p_2) - C_2(T,\ p_3,\ X_i) \\ & - I^{\mathrm{in}}(T > \mathrm{T}_0) \times (T - \mathrm{T}_0)\,[r + C_3(Z_i)]\end{aligned}$$

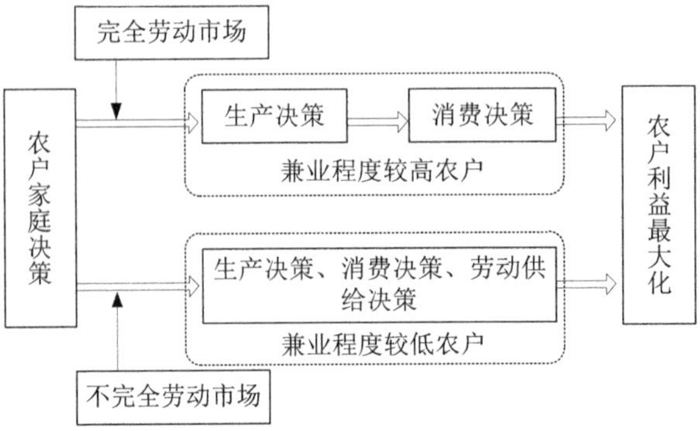

图 5-1　不同市场条件下农户的决策机制

$$+ I^{out}(T < \mathrm{T}_0) \times (\mathrm{T}_0 - T)[r - C_4(Z_i)] + wL_w \tag{5-1}$$

$$L_\alpha + L_w \leqslant L;\ L_\alpha,\ L_w,\ K \geqslant 0 \tag{5-2}$$

式(5-1)和式(5-2)中，$E(W)$ 表示农户的预期收益函数，p_1 表示林产品的确定价格，$F(L_\alpha,\ T,\ K,\ X_i)$ 表示林业生产经营中的产出函数，$C_1(T,\ p_2)$ 表示林业生产经营中的固定要素投入成本函数，$C_2(T,\ p_3,\ X_i)$ 表示林业生产经营中的非固定要素投入成本函数，$I^{in}(T > \mathrm{T}_0)$ 表示转入林地的指标函数，$I^{out}(T < \mathrm{T}_0)$ 表示转出林地的指标函数，$C_3(Z_i)$ 和 $C_4(Z_i)$ 分别表示转入林地和转出林地的交易费用，wL_w 表示农户在 w 工资率水平下投入劳动时间 L_w 所获得的工资性总收入，包括在非农业部门就业时获得的工资，L 表示农户林地经营劳动投入的总时间。

为了达到收益最大化，需要使 $(K^*,\ L_\alpha{}^*,\ T^*)$ 满足一阶条件：

$$p_1 \cdot F'_K(L_\alpha{}^*,\ T^*,\ K^*,\ X_i) = 0 \tag{5-3}$$

$$p_1 \cdot F'_{L_\alpha}(L_\alpha{}^*,\ T^*,\ K^*,\ X_i) = 0 \tag{5-4}$$

$$p_1 \times F'_T(L_\alpha{}^*,\ T^*,\ K^*,\ X_i) = C'_1(T^*,\ p_2) + C'_2(T^*,\ p_3,\ X_i) + r - C_3(Z_i)(\mathrm{if}T < \mathrm{T}_0) \tag{5-5}$$

$$p_1 \cdot F'_T(L_\alpha{}^*,\ T^*,\ K^*,\ X_i) = C'_1(T^*,\ p_2) + C'_2(T^*,\ p_3,\ X_i) + r + C_3(Z_i)(\mathrm{if}T > \mathrm{T}_0) \tag{5-6}$$

根据一阶条件，在不同的劳动供给下，农户的劳动资源配置有三种情况：选择向非农业部门供给劳动、选择向农业部门供给劳动、选择以一定的工资水平 w 雇佣劳动进行生产。农户的林地配置也有三种情况：农户转入林地经营、农户转出林地经营、既不转入也不转出林地经营。此外，从上述理论推导中也可以看出，农户的资源配置行为主要受到 p_1，p_2，p_3 等市场因素，L_α，T，K，X_i 等农户资本禀赋要素和 Z_i 制度因素等影响，农户在市场因素影响中作为被动接受者，其相关指标可以认为是外生变量，而且集体林权制度改革使得农户彼此间的制度因素影响差异较小，其制度因素指标也为外生变量，则农户林地利用方式行为决策可表示为：

$$\text{Utilization} = f(p,\ \text{livelihood capital},\ E) \tag{5-7}$$

农户拥有的生计资本性质和状况决定了他们对市场的理解、信息宣传认同以及林业种植技术可得性，进而决定了林产品种植选择和种植规模，这种林地用途和规模安排的差异导致了不同的林地利用方式选择结果。

(1)生计资本对林地利用方式的影响

第一，人力资本。人力资本是农户从事任何生产活动的基础，对林地利用方式的影响主要表现在劳动力的数量和质量两个方面。农户的林地种植决策与劳动力数量存在密切联系，随着务农机会成本的提高，使得劳动力数量向非农市场转移，导致耕地(林地)面积不断缩减和出现撂荒现象。劳动力质量较高的农户一般会选择外出务工或从事非农经营活动，进而脱离农林业生产，而从事农林业生产的农户会基于未来预期的收益去调整经营计划和林种结构，收入高、文化程度高的农户一般会选择经济效益高、耗时少的土地利用方式，如张维等(2009)研究了农户的用材林经营意愿，指出大部分农户愿意经营用材林，且愿意在耕地里经营用材林，“省时、省工、挣钱多”成为农户们营造用材林的主要目的。

第二，自然资本。林地资源的数量、质量、类型等都会影响林业生产方式，不同自然特性的林地资源会影响林地利用的成本和收益，不同林地属性的产权性质对农户的林地利用激励程度不同，决定农户营林的方向，同时产权清晰和自由交易可以提高林地的资源配置效益。相反，林地的细碎化不利于农户的生产再投资行为，会浪费大量的人力、物力，进而影响农户的林地利用方式选择。

第三，物质资本。物质资本是农户在林业生产过程中除去自然资源后拥有的基础设置和生产工具。生产工具的数量和质量影响农户林地生产的手段，通过节约劳动成本、提高生产效率来影响林地的成本和收益，通过成本和收益的对比来选择林种结构。此外，林区基本条件越好，基础设施越齐全，越有利于激发农户的林业再投资，使农户的林地种植结构更加合理，减少林地撂荒现象。

第四，金融资本。金融资本是农户进行林业再投资的资金保障，能够影响农户的投资和发展，以及各生产要素的投入比例，并最终影响农户的林地利用方式，如前面人力资本中所提到的，收入高、文化程度高的农户一般会选择经济效益高、耗时少的土地利用方式。此外，当农户家庭无法维持基本运营时，也可以通过借贷缓解农户生计。

第五，社会资本。社会资本越丰富，农户的信息获取渠道越多，对市场的把握和价格的敏感性也越好，有利于林产品的销售，提高农户生计。社会网络还具有经济合作功能，不同的社会资源对生计资产配置具有积极的作用，有助于促进开展农业经济活动，进而影响林地利用方式和行为。

(2)市场价格、村域环境、制度等其他因素对林地利用方式的影响

木材市场价格直接决定着用材林经营农户的家庭收入，价格越高，用材林经营农户的生产投入积极性也越高，此外，其他类型农户也会将其林产品价格与木材价格进行对比，有可能做出林地利用方式的转换。林农家庭到乡镇的距离越远，与市场接触的机会越少，对市场的敏感度越低，越不利于把握最新经营动态，进而对林业经营调整方案会有所迟缓，改变林地利用方式的概率会下降。对林业经营制度的认知程度，如限额采伐制度、公益林生态补偿制度等，会影响农户的林地利用决策，农户会倾向于选择对自己有益的方式去从事林业生产。

5.2　变量选择与模型构建

本章所用数据的具体样本如第 1.5.1 节所示，样本农户的林地利用方式概括起来包括用材林经营、经济林经营、竹林经营、发展林下经济和林地撂荒等形式，由于有的林农家庭既有商品林也有公益林，农户同时经营两种及以上类型林地的比例较低，仅有个别公益林经营农户出现部分林地撂荒现象，因此针对同时经营两种及以上类型林地以及部分撂荒现象，以林业经营收入最大的为主要利用方式，样本总量为 654 户，用材林经营农户 294 户、经济林经营农户 134 户、竹林经营农户 85 户、发展林下经济农户 141 户。

5.2.1　变量选择

①因变量。本书的因变量为农户林地利用方式，即经营用材林、经营经济林、经营竹林和发展林下经济四种。

②自变量。本书的核心自变量为农户的生计资本，即生计资本各二级指标以及根据第 4 章计算出的生计资本水平值和生计资本结构值。据此，分别研究对因变量的影响。

③其他变量。如前述分析，市场价格、村域环境、制度等其他因素也会影响农户的林地利用方式，为准确反映农户生计资本的影响，将其作为控制变量进行研究。此外，为减少不同地理位置生产条件不一样以及无法观测特征对林地利用方式的影响，本书引入地区虚拟变量，以陕西省为对照组，如农户位于江西省，则“江西省”=1，“其他”=0 进行赋值。

变量的描述性统计，见表 5-1。

表 5-1　变量含义及描述性统计

变量	变量含义及赋值说明	均值	标准差
因变量			
林地利用方式	1=用材林，2=经济林，3=竹林，4=林下经济	2.11	1.19
自变量			
人力资本	根据熵值法测算而得	0.59	0.18
年龄	实际年龄(岁)	53.53	9.65
户主健康状况	1=非常差，2=比较差，3=一般，4=比较好，5=非常好	3.83	0.46
受教育水平	1=小学及以下，2=初中，3=中专或高中，4=大专或本科以上	1.90	0.76
是否兼业	1=是，0=否	0.56	0.49
劳动力数量	农户家中劳动力数量(人)	2.26	1.28
自然资本	根据熵值法测算而得	0.27	0.11

续表

变量	变量含义及赋值说明	均值	标准差
林地面积	农户家庭拥有的林地面积(亩)	152.84	296.99
耕地面积	农户家庭拥有的耕地面积(亩)	16.87	11.01
林地块数	农户家庭拥有的林地块数(块)	3.98	2.54
物质资本	根据熵值法测算而得	0.44	0.21
家庭耐用消费品	耐用消费品数量占所列选项总数的百分比	0.41	0.12
家庭住房价值	农户家庭住房的市场价值(万元)	6.12	5.79
金融资本	根据熵值法测算而得	0.24	0.16
家庭存款数	家庭拥有的存款数量(万元)	2.89	5.57
家庭总收入	1=总收入<1万元，2=总收入为1万~3万元，3=总收入为3万~5万元，4=总收入为5万~10万元，5=总收入>10万元	3.22	0.73
融资渠道	由“从银行贷款”“从非正规金融机构或个人贷款”“从亲朋好友处借钱”三个指标计算而得	0.19	0.25
社会资本	根据熵值法测算而得	0.28	0.14
能人数量	亲戚朋友中在政府、机关、事业单位等的人数	0.23	0.72
礼金支出	家庭实际礼金支出(万元)	0.36	0.49
与邻居交往程度	1=几乎不；2=不经常；3=一般；4=经常；5=很频繁	2.83	1.31
社会参与	1=低；2=较低；3=一般；4=较高；5=高	3.01	0.94
控制变量			
木材市场价格	村所属乡镇的木材市场价格(元/m^3)	1011.29	176.87
到乡镇距离	林农家庭到乡镇的距离(公里)	4.12	3.21
林业经营政策认知	1=不认同，2=较不认同，3=一般，4=较认同，5=认同	3.88	0.80
林业雇工价格	存在林业雇工的平均价格(元/(人·天))	108.33	18.23
林权抵押贷款	1=很难，2=较难，3=一般，4=较容易，5=很容易	2.01	0.87
江西省	1=江西地区，0=其他	0.18	0.38

5.2.2 模型构建

由于农户的林地利用方式选择是多值的，而非二值的，在农户做出林地利用方式决策前，农户的生计资本即已存在，测算的农户生计资本值和结构在短期内不会发生改变，不随方案而变，且由于方案之间相互独立、无序，因此选择多项 Logit 模型进行估计。同时，为了解释自变量增加一单位引起因变量概率的变化，对每个样本观测值上的边际效应进行计算：

$$\ln\left(\frac{p_k}{1-p_k}\right) = Y_k = \alpha_i + \sum_{i=1}^{n}\beta_i x_i + \varepsilon_i \tag{5-8}$$

$$\exp(\beta_i) = \frac{\exp[\beta_1 + \beta_2 x_2 + \cdots + \beta_i(x_i + 1)]}{\exp(\beta_1 + \beta_2 x_2 + \cdots + \beta_i x_i)} \tag{5-9}$$

式中 p_k 表示农户林地利用方式的选择概率；x_i 表示农户的生计资本等核心自变量；β_i 表示生计资本各影响因素的待估计回归系数；α_i 为常数项；ε_i 为随机误差；$\exp(\beta_i)$ 为相对风险比率(简记为 RRR)，即当其他解释变量不变时，x_i 为增加 1 单位会导致因变量概率的变化值。

5.3　不同类型农户林地利用方式比较

5.3.1　不同类型农户林地利用方式的差异分析

表 5-2 列出了不同类型农户的林地利用方式。从表 5-2 中可以看出，大部分纯林户的林地利用方式都是选择用材林经营，纯林户在经济林和竹林的利用方式上比例差不多，对林下经济的利用方式比例最小，仅为 13%。林业兼业户在经济林的利用方式上占比最大，兼业林业户占比较大的林地利用方式为用材林和林下经济，非林户的用材林所占比例最大，为 68%，经济林为 19%，竹林为 13%，林下经济为 0。对于用材林这一林地利用方式，非林户、兼业林业户和纯林户采用得较多，分别为 68%、45%和 45%；林业兼业户采用的比例较少，为 23%。对于经济林这一林地利用方式，林业兼业户采用得较多，为 35%；纯林户和非林户采用比例相当，为 20%左右；兼业林业户最少，为 13%。对于竹林这一林地利用方式，纯林户采用得最多，为 22%；林业兼业户和非林户次之；兼业林业户最少，为 5%。对于林下经济这一林地利用方式，兼业林业户采用得最多，为 37%；林业兼业户次之，为 26%；纯林户为 13%；非林户的比例为 0。总体来看，农户的林地利用方式选择具有多样化，农户的林地利用方式在不同程度上受到兼业化程度的影响。

表 5-2　不同类型农户林地利用方式差异分析

林地利用方式	总样本	纯林户	林业兼业户	兼业林业户	非林户
用材林	294	72	30	106	86
	占比	45%	23%	45%	68%
经济林	134	33	46	31	24
	占比	20%	35%	13%	19%
竹林	85	35	22	12	16
	占比	22%	17%	5%	13%
林下经济	141	21	34	86	0
	占比	13%	26%	37%	0
总值	654	161	132	235	126

5.3.2 不同类型农户林地利用方式的生计资本差异分析

表 5-3 列出了不同类型农户林地利用方式的生计资本均值对比。不同生计类型农户由于其生计资本结构和性质不同，其对林地利用方式的选择比例也不相同。从表 5-3 中可以看出，大部分纯林户拥有较多人力资本和物质资本，由于用材林对于人力资本的要求较高，所以偏向此种林地利用方式，且用材林能带来较大的收益。从林业兼业户来看，林下经济方式下的人力资本和社会资本较少，在用材林和竹林方面的人力资本较多。从兼业林业户来看，用材林方式下的物质资本较少，经济林方式下的自然资本较多。非林户相对而言，社会资本较为充足。总之，不同类型农户林地利用方式下的生计资本差别较大，生计资本极大地影响着农户的林地利用决策，那么，生计资本对林地利用方式的具体影响以及影响程度如何，便是接下来实证分析中要进行研究的内容。

表 5-3　不同类型农户林地利用方式的生计资本差异分析

林地利用方式	纯林户	林业兼业户	兼业林业户	非林户
用材林				
人力资本	0.31	0.44	0.49	0.26
自然资本	0.39	0.11	0.07	0.11
物质资本	0.21	0.39	0.08	0.09
金融资本	0.21	0.34	0.18	0.16
社会资本	0.20	0.26	0.35	0.35
样本量	72	30	106	86
经济林				
人力资本	0.37	0.13	0.14	0.22
自然资本	0.21	0.27	0.27	0.18
物质资本	0.20	0.31	0.35	0.06
金融资本	0.13	0.13	0.15	0.11
社会资本	0.08	0.17	0.09	0.38
样本量	33	46	31	24
竹林				
人力资本	0.46	0.51	0.49	0.62
自然资本	0.32	0.28	0.22	0.22
物质资本	0.43	0.43	0.38	0.31
金融资本	0.22	0.23	0.19	0.27
社会资本	0.21	0.25	0.28	0.42
样本量	35	22	12	16

续表

林地利用方式	纯林户	林业兼业户	兼业林业户	非林户
林下经济				
人力资本	0.27	0.07	0.41	—
自然资本	0.09	0.33	0.03	—
物质资本	0.56	0.38	0.31	—
金融资本	0.18	0.18	0.20	—
社会资本	0.20	0.09	0.06	—
样本量	21	34	86	0

5.4　生计资本对农户林地利用方式影响的实证分析

5.4.1　生计资本水平对农户林地利用方式的影响

由于生计资本之间具有较大的相关性，在某种程度上可以相互转换和影响，为避免变量间的多重共线性导致对被解释变量的显著性出现偏差，因此对解释变量进行多重共线性检验。运用 STATA 14.0 软件对其进行多重共线性检验，结果显示 VIF 最大值为 3.87，远小于经验规则中的 10，平均值为 1.58，说明自变量间的相关程度较弱，不存在多重共线性，对模型的解释效果较好。由于用材林这一林地利用方式的使用人数最多，因此系统默认以用材林作为参照方案，模型的拟合效果也较好，具体见表 5-4。

表 5-4　生计资本水平对农户林地利用方式的多项 Logit 模型估计结果

变量名称	经济林		竹林		林下经济	
	Coef.	RRR	Coef.	RRR	Coef.	RRR
人力资本	-0.251**	0.88	0.112*	1.05	-0.379	0.98
年龄	-0.022	0.99	0.041**	1.32	-0.027	0.84
户主健康状况	0.031	1.00	0.243	1.01	0.125	1.00
受教育水平	0.074***	1.12	0.024	1.07	0.156	1.02
是否兼业	0.056	1.02	-0.532	0.95	0.046	1.00
劳动力数量	-0.041**	0.99	0.131*	1.01	-0.031**	0.79
自然资本	0.348**	1.21	0.217**	1.12	0.265	1.06
林地面积	0.247**	1.15	0.002	1.00	0.007	1.00

续表

变量名称	经济林		竹林		林下经济	
	Coef.	RRR	Coef.	RRR	Coef.	RRR
耕地面积	0.002	1.00	−0.031	0.01	0.009	1.00
林地块数	0.061	1.00	0.112	1.01	0.123	1.01
物质资本	−0.282	0.26	0.155	1.18	−0.088	0.47
家庭耐用消费品	0.125	1.02	0.091	1.01	−0.213	0.04
家庭住房价值	−0.035	0.88	−0.012	0.00	−0.028	0.00
金融资本	−0.673***	0.84	−0.487**	0.91	−0.375**	0.97
家庭存款数	−0.433	0.94	−0.315	0.00	−0.474	0.62
家庭总收入	0.065	1.07	−0.023	0.00	0.004	1.00
融资渠道	−0.219*	0.91	−0.364**	0.83	0.158	1.76
社会资本	0.275	1.12	0.215	1.31	−0.484	0.82
能人数量	0.451	1.01	0.158	1.12	0.373	1.11
礼金支出	0.110	1.00	0.006	1.00	0.001	1.00
与邻居交往程度	0.741*	1.05	0.19	1.01	0.381	1.02
社会参与	0.294	1.06	0.10	1.04	0.138	1.11
控制变量						
木材市场价格	−0.015**	0.81	0.001	1.00	0.008	1.00
到乡镇距离	0.021	1.18	0.010	1.31	0.017	1.16
林业经营政策认知	−0.092	0.82	−0.101	0.99	0.093	1.00
林业雇工价格	0.011	1.00	−0.001	0.99	−0.026**	0.98
林权抵押贷款	0.095	1.11	0.012	1.05	0.155	1.12
江西省	−5.092**	0.00	9.467***	0.00	−3.862***	0.00
常数项	3.43		5.78**		6.49**	
Log Likelihood=−460	$R^2=0.45$				Prob > chi2=0.000	

注：*、**、***分别表示在10%、5%、1%统计水平上显著。

在资本禀赋中，人力资本、自然资本和金融资本对农户的林地利用方式选择具有较大程度的影响，人力资本与经济林的系数在5%水平上显著负相关，人力资本与竹林的系数在10%水平上显著正相关，表明与用材林相比，人力资本越大，越不愿意经营经济林，但倾向于经营竹林这一林地利用方式，经济林的相对风险比率为0.88，竹林的相对风险比率为 1.05，即人力资本每增加一个单位，选择经济林的概率就下降 12%，但选择竹林的概率会增加 5%。具体而言，年龄对农户选择竹林生产的影响在 5%水平上显著正相关，说明年龄越大，越倾向对资本回收期较短的投资，而竹林生产中竹材和竹笋的回报期远短于用材林，因此随着年龄的增长，相较于用材林而言，农户更倾向竹林生产。劳动力数量与经济林和林下经济均存在 5%水平下的显著负向影响关系，表明劳动力数量越多，越不利于选择经济林和林下经济这两种方式，有利于选择竹林，是由于随着女性劳动力在竹林中的参与，且竹林生活女性的参与也越来越多，对劳动力没有性别要求。受教育水平在 1%水平上显著正向影响经济林利用方式，受教育程度越高，越有利于选择经济林，且每提高一个单位，选择概率增加 12%。受教育水平高的农户头脑灵活，经济门路发达，追求经济效益高且快的林地利用方式。自然资本分别在 5%水平上显著正向影响经济林和竹林这两种林地利用方式，表明随着自然资本的增加，农户越可能选择经济林和竹林的林地利用方式，增加的概率分别为 21%和 12%，自然资本值与林下经济方式没有显著影响。具体而言，林地面积在 5%水平上显著正向影响经济林利用方式，可能的原因是林地面积越大，经营经济林的机会成本才会减少。物质资本和社会资本的影响不显著，但对经济林和林下经济的系数为负，社会资本对经济林和竹林的系数为正，但对林下经济的系数为负。金融资本的系数均为负值且显著，说明随着金融资本的增加，越不可能选择除用材林之外的林地利用方式。具体而言，融资渠道对农户选择竹林生产的影响在 5%水平上显著负相关，与选择经济林生产的影响在 10%水平上也显著负相关，说明融资渠道的增加有助于获得金融支持，满足用材林对资金和信息等的需求。

其他变量的影响。木材市场价格在 5%水平上显著负向影响，是对林地的竞争性使用，木材市场价格越高，经营者更愿意放弃经济林而选择用材林。林业雇工价格在 5%水平上与林下经济方式显著负相关，表明雇工价格越高，农户越不愿意从事林下经济，因林下经济农户的空余时间较多，可通过延长时间来减少雇工，用材林利用方式对老动力的数量和质量一般要求较高。此外，地区虚拟变量也产生了显著差异，江西省农户偏向竹林生产，而陕西农户偏向用材林和林下经济，这与前述第 3 章样本农户的特征描述分析相吻合。

5.4.2　生计资本结构对农户林地利用方式的影响

林地利用方式是基于农户生计资本不同要素间的变换匹配和动态性平衡的综合考量，不仅需要一定程度的生计资本水平，也需要各类别资本间的合理结构配置。根据第 4 章生计资本结构划分的定义，某农户五类生计资本值中，人力资本的值最大，则称该农户为人力资本占优型农户。因此，若农户属于人力资本占优，则人力资本占优变量赋值为 1，自然资本占优变量赋值为 0，物质资本占优变量赋值为 0，金融资本占优变量赋值为 0，社会资本占优变量赋值为 0。本部分的自变量为上述 5 类，因变量和控制变量同 5.4.1 节内容，依然采用 STATA 14.0 构建多项 Logit 模型来估计生计资本结构对农户林地利用方式的影响，估计结果见表 5-5。

表 5-5　生计资本结构对农户林地利用方式的多项 Logit 模型估计结果

变量名称	经济林		竹林		林下经济	
	Coef.	RRR	Coef.	RRR	Coef.	RRR
人力资本占优	-0.137	0.48	0.092***	1.02	-0.215***	0.70
自然资本占优	0.177	1.19	0.088	1.58	0.076	1.87
物质资本占优	0.292	2.25	0.204	1.87	0.107	2.34
金融资本占优	0.402	1.13	0.341	1.02	0.292	1.14
社会资本占优	0.177*	1.58	-0.033**	0.82	-0.486*	0.44
控制变量						
木材市场价格	-0.021*	0.24	0.001	1.12	-0.274	1.00
到乡镇距离	0.021	1.36	0.010	2.31	0.017	2.16
林业经营政策认知	-0.033	0.82	-0.101	0.95	0.093	1.00
林业雇工价格	0.020	1.00	-0.001	0.99	-0.026**	0.98
林权抵押贷款	0.088	1.11	0.012	1.05	0.155	2.12
江西省	-22.092***	0.00	6.177**	0.00	-4.532**	0.00
常数项	3.43		5.78**		6.49**	
Log Likelihood=-432	R^2=0.40				Prob > chi2=0.000	

注：*、**、***分别表示在10%、5%、1%统计水平上显著。

从表5-5中可以看出，人力资本占优和社会资本占优在林地利用方式的影响上具有显著性，即不同生计资本结构对农户的林地利用方式存在显著影响效应。人力资本占优型农户与竹林这一林地利用方式在1%水平上显著正相关，与林下经济这一林地利用方式在1%水平上显著负相关，表明人力资本占优有利于选择竹林和用材林两种林地利用方式，人力资本占优型农户选择林下经济这种利用方式的较少。一方面，人力资本占优型农户具有较高的风险追求和利益回报意愿，林下经济的发展受到的制约因素远远多于其他三种；另一方面，对于劳动力的需求存在差异，用材林和竹林的劳动力需求相对而言大于其他两种。社会资本占优对经济林这一林地利用方式在10%水平上显著正相关，与竹林和林下经济分别在5%和1%水平上显著负相关，表明社会资本占优农户越有可能选择经济林和用材林经营，越不可能选择竹林和林下经济这两种林地利用方式。控制变量中的结果，与表5-4的分析结果基本一致。一方面，社会资本较难实现要素的替代，其他资源不容易向其转化；另一方面，社会资本占优为农户的对外市场联络提供了便利性，由于用材林和经济林的交易成本和风险成本相对而言大于竹林和林下经济，而社会资本占优可以降低农户的交易成本和风险成本，因此社会资本占优显著影响竹林、经济林和林下经济，即农户偏好选择用材林和经济林这样的林地利用方式。

5.4.3　生计资本异质性对不同类型农户林地利用方式的影响

由 5.3.1 节分析可知，纯林户选择用材林、经济林、竹林、林下经济四种林地利用方式的户数分别为 72、33、35 和 21 户，林业兼业户分别为 30、46、22 和 34 户，兼业林业户分别为 106、31、12 和 86 户，非林户分别为 86、24、16 和 0 户。除了林业兼业户是以经济林利用最多，为 46 户，其他均以用材林利用最多，为便于统计，在采用 STATA 14.0 进行估计时，指定以用材林这一利用方案作为参照，分别对纯林户、林业兼业户、兼业林业户和非林户进行多项 Logit 回归。模型 Prob>chi2 值均为 0.000，达到了 1%的显著性水平，模型整体拟合状况良好，为方便对结果进行对比分析，分次回归中的控制变量结果不在表格中列示，表 5-6 汇报了生计资本异质性对不同类型农户的林地利用方式影响结果。

表 5-6　生计资本异质性对不同类型农户林地利用方式的影响结果

农户类型	变量	经济林		竹林		林下经济	
		Coef.	RRR	Coef.	RRR	Coef.	RRR
纯林户	人力资本	2.486***	1.18	3.412***	1.89	1.066*	1.02
	自然资本	0.263	1.11	0.015	1.00	0.127	1.42
	物质资本	0.038	1.01	-0.034	0.92	-0.225	0.89
	金融资本	3.915***	2.16	2.282**	1.67	3.508***	2.11
	社会资本	0.016	1.00	0.021	1.21	0.341	1.03
	人力资本占优	0.088**	1.17	0.292***	1.19	0.092**	1.14
	自然资本占优	0.402	1.21	-0.486	0.48	0.076	1.87
	物质资本占优	-0.057	0.86	0.292	2.25	0.107	2.34
	金融资本占优	-0.215	0.79	0.204	1.13	-0.137	0.70
	社会资本占优	0.088	1.46	0.177	1.58	0.177	1.44
林业兼业户	人力资本	-1.14**	0.53	0.528	1.00	1.302**	1.15
	自然资本	0.598**	1.00	0.991**	1.31	-0.795	0.84
	物质资本	0.613	1.12	1.695	0.99	1.425	1.01
	金融资本	1.147***	1.02	-0.097	0.87	0.519	1.04
	社会资本	1.260	1.01	0.802	1.21	0.071	1.32
	人力资本占优	-0.836*	0.68	0.118	1.68	0.311**	1.35
	自然资本占优	0.118	1.00	0.167*	1.90	0.681	1.03
	物质资本占优	-0.504	0.10	-0.473	0.33	0.520	1.03
	金融资本占优	0.198**	1.07	0.512	1.01	0.573	1.10
	社会资本占优	0.638	1.05	0.638	1.19	0.265	1.06

续表

农户类型	变量	经济林		竹林		林下经济	
		Coef.	RRR	Coef.	RRR	Coef.	RRR
兼业林业户	人力资本	-1.216**	0.67	0.071*	0.63	-1.270***	0.59
	自然资本	1.040	1.61	0.068	1.13	1.027***	1.67
	物质资本	1.467	1.48	1.692	1.12	0.795	1.64
	金融资本	-2.144**	0.62	-2.213**	0.78	0.802	1.32
	社会资本	0.923	1.38	1.261	1.47	1.591	1.15
	人力资本占优	-0.077	0.69	0.011	1.01	-0.051	0.84
	自然资本占优	0.094	1.23	0.127	1.74	0.531	1.99
	物质资本占优	0.054	1.27	0.096	1.57	0.181	1.72
	金融资本占优	-0.037	0.62	-0.924	0.77	0.476	1.96
	社会资本占优	0.077	1.11	0.017	1.31	0.039	1.77
非林户	人力资本	-0.291	0.92	0.258	1.01	—	—
	自然资本	1.116	1.21	-0.263	0.87	—	—
	物质资本	1.123	1.24	2.741	1.36	—	—
	金融资本	-0.754	0.57	-0.153	0.56	—	—
	社会资本	0.016	1.00	-0.885	0.42	—	—
	人力资本占优	-0.095	0.78	-0.082	0.96	—	—
	自然资本占优	-0.039	0.62	-0.011	0.58	—	—
	物质资本占优	-0.003	0.84	-0.033	0.81	—	—
	金融资本占优	0.018	1.31	0.040	1.17	—	—
	社会资本占优	0.026**	1.54	-0.019	0.50	—	—

注：*、**、***分别表示在10%、5%、1%统计水平上显著。

①人力资本的影响。人力资本对纯林户经济林和竹林利用方式都在1%水平上显著正相关，对林下经济利用方式在10%水平上显著正相关，即表明对于纯林户而言，人力资本越大，农户越不愿意经营用材林，而更愿意经营经济林、竹林和林下经济。人力资本对林业兼业户经济林利用方式在5%水平上显著负相关，与林下经济利用方式在5%水平上显著正相关，表明对于林业兼业户而言，人力资本越大，越不可能选择经济林，有助于选择林下经济。人力资本对兼业林业户经济林和林下经济利用方式分别在5%和1%水平上显著负相关，与竹林利用方式在10%水平上显著正相关，表明对于兼业林业户而言，人力资本越大，越不可能选择经济林和林下经济，而更可能选择竹林。人力资本对非林户的林地利用方式影响不显著。原因在于，经济林、竹林和林下经济每年都需要经营，用工量

大且对技术的要求相对较高，而用材林在造林当年的投入较大，第 2~3 年一般进行抚育投入，而至采伐前投入很少，纯林户家庭收入来源主要是林业收入，对取得短期经济效益具有直接需求，因此会放弃长周期林产品生产。在结构方面，人力资本占优对纯林户和林业兼业户的影响与人力资本值的影响较为一致，但对兼业户和非林户的影响不显著，尤其是在兼业林业户中，人力资本结构没有人力资本值起到的作用大。

②自然资本的影响。自然资本对纯林户和非林户的林地利用方式不具有显著性影响，但对林业兼业户经济林和竹林的林地利用方式均在 5%水平上显著正相关，对林下经济的林地利用方式影响不显著，表明自然资本有助于林业兼业农户选择经济林和竹林的林地利用方式。自然资本仅对兼业林业户林下经济的林地利用方式在 1%水平上显著正相关，表明自然资本更有可能使兼业林业户选择林下经济这一林地利用方式。这是由于自然资本的增加有助于提高规模效率，加上林业兼业户对林业收入的依赖以及劳动力时间问题，使自然资本对经济林和竹林利用方式影响显著，兼业林业户多外出打工，对自然资源的依赖性小，自然资本增加有助于发展林下经济来获取林业经营收入。在结构方面，自然资本占优仅对林业兼业户竹林的林地利用方式在 10%水平上显著正相关，自然资本占优的农户选择竹林利用方式的可能性大，自然资本对其他类型农户的林地利用方式影响不显著。

③物质资本的影响。物质资本对于不同类型农户的林地利用方式均没有表现出显著性影响，说明对于不同类型农户而言，物质资本并非决定农户林地利用方式的关键资本。在结构方面，物质资本占优对于不同类型农户的林地利用方式也没有表现出显著性影响，说明对于不同类型农户而言，物质资本占优并不影响农户的林地利用方式。

④金融资本的影响。金融资本对于纯林户的林地利用方式均表现为显著正相关，即表明金融资本的增加使农户选择经济林、竹林和林下经济的可能性增加，这是由于金融资本可以与劳动之间存在互补和替代作用（李艳等，2019），加上纯农户的林业相对收益较低且受限制因素较多，在金融资本较高的情况下将通过追加投资、农药、化肥等物质来提高产量和增加林业收益，因此金融资本使纯林户更加偏向除用材林之外的林地利用方式。金融资本对林业兼业户的经济林利用方式在 1%水平上显著正相关，表明林业兼业户的金融资本提高使农户更加可能选择经济林利用方式。金融资本对兼业林业户的经济林和竹林利用方式均在 5%水平上显著负相关，表明兼业林业户的金融资本提高使农户更加不可能选择经济林和竹林利用方式。金融资本对于非林户的影响同样不具有显著性。在结构方面，金融资本占优仅对林业兼业户经济林利用方式在 5%水平上显著正相关，表明对于林业兼业户而言，金融资本占优能够合理配置资源的结构比例，对风险与收益的承担能力更强，因此农户更多可能选择经济林利用方式。

⑤社会资本的影响。社会资本对不同类型农户的林地利用方式均没有表现出显著性影响，说明对于不同类型农户而言，社会资本并非决定农户林地利用方式的关键资本。在结构方面，社会资本占优仅对非林户经济林利用方式在 5%水平上显著正相关，表明对于非林户而言，社会资本占优农户更多可能选择经济林利用方式。

5.5 本章小结

本章首先从理论上对生计资本影响农户林地利用方式的作用机理进行分析，然后运用多项 Logit 模型定量分析生计资本水平、生计资本结构对农户林地利用方式的影响，并进一步研究了生计资本水平和结构对不同类型农户林地方式的影响，主要研究结论如下。

①大部分纯林户的林地利用都是选择用材林经营，纯林户在经济林和竹林的利用方式上比例差不多，对林下经济的利用方式比例最小。不同类型农户林地利用方式下的生计资本差别较大。具体而言，大部分纯林户拥有较多的人力资本和物质资本。从林业兼业户来看，林下经济方式下的人力资本和社会资本较少，在用材林和竹林方面的人力资本较多。从兼业林业户来看，用材林方式下的物质资本较少，经济林方式下的自然资本较多。非林户相对而言，社会资本较为充足。

②资本禀赋水平上，人力资本水平、自然资本水平和金融资本水平对农户的林地利用方式选择具有较大程度的影响。人力资本越大，农户越不愿意经营经济林，但倾向经营竹林这一林地利用方式；自然资本越大，农户越可能选择经济林和竹林的林地利用方式；金融资本越大，越不可能选择除用材林之外的林地利用方式。资本禀赋结构上，人力资本占优和社会资本占优在林地利用方式的影响上具有显著性，即不同生计资本结构对农户的林地利用方式存在显著影响效应。

③生计资本异质性对不同类型农户的林地利用方式影响也存在差异性。人力资本、金融资本水平及人力资本占优显著影响纯林户林地利用方式；人力、自然、金融三者的资本水平和资本结构均显著影响林业兼业户的林地利用方式；人力、自然、金融资本水平显著影响兼业林业户的林地利用方式，生计资本结构对其影响不显著；社会资本占优仅对非林户的林地利用方式产生显著影响。

第 6 章　生计资本对农户林地利用集约度的影响

林地利用集约度的变化其实是林业生产者林地利用投资决策的结果。农户作为微观经营主体，其自身拥有的生计资本性质和结构是决定农户土地利用投资决策的关键要素，进而影响土地利用集约度。基于此，本章对农户的林地利用集约度进行测算，并运用 OLS 和分位数回归法分析不同生计资本对林地利用集约度期望值的影响及集约度分布规律的影响，揭示不同类型农户的林地利用集约度差异以及生计资本对集约度的影响，有助于了解农户的林地投入行为，可以为实现林地资源合理利用及林业可持续发展提供政策依据。

6.1　生计资本对农户林地利用集约度的作用机理

集约度变化的驱动因素是复杂的，包括经济因素、价格因素、资源禀赋驱动和政策驱动等。(赵京等，2012)根据经济学供求原理，林产品价格上涨，林业生产的比较利益增加，有助于提高林地的集约利用水平，进而增加林产品供给。劳动力用工价格提高，会打击农户林业经营积极性，使林业生产的机会成本增加，导致农民林地撂荒，使林地集约利用水平下降。

本书利用 Ricardian 模型评估生计资本对农户林地利用集约度的影响，该模型假设林农是在外生条件下追求收益最大化。农户在林业生产经营过程中，需要考虑交易费用、资本支撑以及市场需求等问题，假定林农单位林地上进行生产投入和林产品生产以追求利润的最大化和风险的最小化为目标，构建林农收益函数：

$$\max\pi = PQ(L,\ K,\ X,\ IR,\ C,\ W,\ S) - P_L \cdot L - P_K \cdot K - \sum_i P_{ix} \cdot X_i - P_{IR} \cdot IR \tag{6-1}$$

其中 π 为单位林地上的净收益，即单位林地林业收入；P 表示单位林产品销售价格；Q 表示林产品生产函数，即林产品产出水平；L 表示劳动力投入；K 表示资本投入；X 表示其他要素投入，如化肥、农药、种苗等；IR 表示灌溉可得性变量；S 表示林地种植条件变量；P_L，P_K，P_{IR} 分别表示各投入要素的价格。农户约束条件下的农户综合收益函数最优化模型为：

$$\pi^* = f(P,\ C,\ W,\ S,\ P_L,\ P_K,\ P_X,\ P_{IR}) \tag{6-2}$$

可以看出，农户的综合收益最大化受到投入要素的影响，土地(林地)利用集约度的变化其实是农业生产者对土地利用投资决策的结果。农户作为微观经营主体，其自身拥有的生计资本性质和结构是决定农户土地利用投资决策的关键要素，进而影响土地利用集约度。

(1)生计资本对林地利用集约度的影响

第一，人力资本。人力资本包括户主年龄、受教育水平、是否兼业和家庭劳动力数量。户主年龄越大，可能会因为情怀而加大对林地的资本投入，但也有可能因为体力下降而减少对林地的劳动投入(Xie et al.，2013)；受教育水平高的农户可能会因为从事非农生产而减少对林地的经营投入；加入合作社可能会因为合作经营减少风险、降低信息成本等优势而扩大农户对林地的经营投入；家庭劳动力数量越多，农户对林地投入可能越大，会产生积极作用(刘珉，2011)。上述人力资本对集约度的影响也可能由于非农就业等出现相反的作用，呈现人地关系影响林地集约利用的状况。

第二，自然资本。自然资本包括林地面积、耕地面积和林地块数。林业生产经营的特性可能会使农户为了规模经营倾向于扩大林地经营面积，但是林地经营面积的扩大也可能导致单位面积的劳动和资本投入量下降(吉登艳等，2015)；林地块数的增加可能会导致林地细碎化的发生，造成分散经营，使得林地经营投入减少(刘晶等，2018)。自然资本首先通过林地利用方式对集约度产生间接影响，不同林地利用方式的投入差异会导致其利用集约度的差异；其次，通过林地质量和地形等对集约度产生直接影响，如地势平坦可减少劳动力投入水平。

第三，物质资本。物质资本包括家庭耐用消费品和家庭住房价值。物质资本是农户家庭维持生计所依赖的基础设施和生产资料，农户家庭物质资本越充足，意味着家庭经济实力越强，对林业生产投入将会有正向影响。如农户的机械作业、林区基础设施建设、林建道路等会降低林业生产难度，增加林业经营动力，加上林业投入省工性资本和劳动之间的替代关系，有助于提高林地利用集约度。

第四，金融资本。在经济快速发展下，农民家庭收入增加，其对林地的投资增加，表现出林地集约利用水平的提高；此外，农民会考虑务农的机会成本问题，如果在城市经济利益的比较下选择弃农务工，甚至是撂荒林地，则表现出林地集约利用水平的下降。此外，增产性资本和劳动之间存在的互补性关系，使得金融资本的提高在一定程度上弥补了劳动力投入的不足，进而提高林地利用集约度。

第五，社会资本。社会资本包括能人数量、礼金支出、与邻居交往程度和社会参与。社会资本促进农户间的相互协调和合作，增强信息沟通和互换，有助于提高农户集体林地经营投入，进而影响林地利用集约度。当然，非农就业以及非农化程度高的农户也可能存在由于社会资本的增强进一步加深非农化程度的可能性。

(2)其他影响林地利用集约度的因素

借鉴已有研究，控制变量包括配套政策、区域环境、市场环境、产权稳定性等。配套政策包括林权抵押贷款和林业补贴，其中，林权抵押贷款为农户提供信贷支持，可以提高农户获得资金的可能性，增加农户投入决策和投入规模；林业补贴可以降低种植成本，激励农户林地经营投入行为；区域环境用到乡镇距离这一指标衡量；市场环境用林业雇工价格和与市场联系程度两个指标衡量；生产要素市场会影响农户投入行为，林业雇工价格越高，农户林地投入越少；此外，产权的稳定性能够有效增加农户营林投入。

生计资本对农户林地利用集约度的作用机理，如图 6-1 所示。

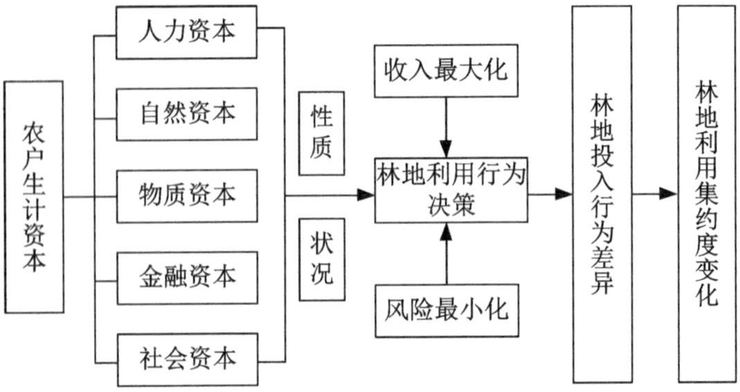

图 6-1　生计资本对农户林地利用集约度的作用机理

6.2　农户林地利用集约度的测算

6.2.1　林地利用集约度的测算方法

已有对耕地利用集约度的测度方法，主要集中在价值形态法、能值法、实物形态法和综合指标法等。价值形态法是以货币作为衡量劳动力投入和资本投入的计量单位，如徐国鑫等(2012)利用价值形态法对耕地的集约利用进行了衡量，并分析了集约利用水平对粮食产量变化的影响。能值法是一种以能值为测度单位的环境—经济系统核算方法，可以通过不同产品或劳务的能值转换使其具有可比性，如崔艳智等(2018)运用能值法对农牧系统的能值投入产出进行了量化研究和分析，提出了实现我国北方农牧交错区农牧可持续发展的路径。实物形态法是使用物品的实际计量单位进行投入测算，如用化肥农药中的千克、升等来计量，如马聪等(2019)利用实物形态法对不同指标的原始数据进行标准化处理，来衡量耕地利用集约度。综合指标法是通过构建相关集约利用的评价指标体系来进行测算，如吴金华等(2020)从投入强度、利用程度、利用效益和持续程度四个方面构建了陕西省耕地集约利用的评价指标体系，以此对陕西省耕地集约利用水平进行分析。

本书基于第 2 章对林地利用集约度的定义以及数据的可获取性和可操作性，采用实物形态法并依内部构成不同分为资本集约(单位：元/hm^2)和劳动集约(单位：工日/hm^2)两种。其中，资本集约为单位林地面积上的资本投入量，包括家庭全年投入林地的机械、种苗、化肥、农药四类费用之和(元)；劳动集约为单位林地面积上的劳动投入量，包括家庭全年用于林地经营的有效劳动天数(一天按照 8 小时计算)和雇工天数。林业生产投入产出具有不一致性，故用材林经营农户的年均总投入采用 2012—2016 年 5 年的累计投入数据计算，经济林和林下经济采用 2016 年即当年的投入数据计算，竹林采用 2015—2016 年 2 年的累计投入数据计算。虽然微观调查数据不能涵盖整个林业生产周期，但计算后的年资本投入和劳动投入在时间上是匹配的，因此能够反映林地集约度问题。

资本集约度的测算公式为：

$$I_c = \frac{\left(\dfrac{\ln C}{\ln T}\right) - \left(\dfrac{\ln C}{\ln T}\right)_{\min}}{\left(\dfrac{\ln C}{\ln T}\right)_{\max} - \left(\dfrac{\ln C}{\ln T}\right)_{\min}} \tag{6-3}$$

劳动集约度的测算公式为：

$$I_l = \frac{\left(\dfrac{\ln L}{\ln T}\right) - \left(\dfrac{\ln L}{\ln T}\right)_{\min}}{\left(\dfrac{\ln L}{\ln T}\right)_{\max} - \left(\dfrac{\ln L}{\ln T}\right)_{\min}} \tag{6-4}$$

其中，I_c 为林地利用的资本集约度，I_l 为林地利用的劳动集约度，$\ln C$ 为林地资本投入的对数，$\ln L$ 为林地劳动投入量的对数，$\ln T$ 为投入的林地面积(hm^2)对数。

6.2.2　林地利用集约度的测算结果

表 6-1 列出了不同类型农户的林地利用资本集约度和劳动集约度。从表 6-1 中可以看出，目前农户的林地经营劳动集约度均大于资本集约度，表明目前我国的林地经营仍在劳动集约经营阶段，且两者的差距并不是太大，如对于林业兼业户而言，资本集约和劳动集约的差距为 0.009，这也得益于集体林权制度改革对农户营林积极性的提高，但整体上集体林权制度改革后，林业经营并未从劳动集约向资本集约转化，可能是由资本的异质性导致劳动和资本间的互补效应和替代效应，以及林业社会化服务体系的不完善造成的。

表 6-1　不同类型农户林地利用集约度对比

农户类型	样本量	资本集约度		劳动集约度	
	Obs	Mean	Std. Err.	Mean	Std. Err.
纯林户	161	0.427	0.004	0.482	0.002
林业兼业户	132	0.421	0.001	0.492	0.004
兼业林业户	235	0.454	0.008	0.463	0.003
非林户	126	0.418	0.003	0.459	0.002

从农户类型来看，兼业户的劳动集约度和资本集约度均最大，其中林业兼业户的劳动集约度最大，为 0.492，兼业林业户的资本集约度最大，为 0.454，其次是纯林户，非林户的资本集约度和劳动集约度均最小。这主要是由于兼业户的资本投入一部分来自兼业收入，其投入意愿相对于纯农户来说更为强烈，尤其是省工性资本的投入，这也导致了林业兼业户的劳动集约度大于纯农户。由于非农户的资本和劳动投入主要集中在非农就业上，因此在林地上的资本投入和劳动投入最少，如发生的林地撂荒现象，对于林地的投入相当于零，所以其集约度也最小。

6.3 变量选择与模型构建

6.3.1 变量选择

为进一步研究农户生计资本水平和生计资本结构对林地利用集约度的影响，以及生计资本对林地利用资本集约度和劳动集约度影响的分布规律，选择林地利用资本集约度和劳动集约度作为本章的因变量。自变量的选择同第 5 章，即五类生计资本水平和生计资本结构。控制变量依据前述作用机理分析部分，选择林业补贴、林权抵押贷款、到乡镇距离、林业雇工价格、与市场联系程度、产权安全性等指标。

变量的描述性统计，见表 6-2。

表 6-2　变量含义及描述性统计

变量	变量含义及赋值说明	均值	标准差
因变量			
资本集约度	根据式(6-3)计算而得	0.43	0.41
劳动集约度	根据式(6-4)计算而得	0.47	0.34
自变量			
人力资本	根据熵值法测算而得	0.59	0.18
自然资本	根据熵值法测算而得	0.27	0.11
物质资本	根据熵值法测算而得	0.44	0.21
金融资本	根据熵值法测算而得	0.24	0.16
社会资本	根据熵值法测算而得	0.28	0.14
人力资本占优	农户五类生计资本值中，人力资本值最大，赋值为 1，否则为 0	0.29	0.45
自然资本占优	农户五类生计资本值中，自然资本值最大，赋值为 1，否则为 0	0.22	0.41
物质资本占优	农户五类生计资本值中，物质资本值最大，赋值为 1，否则为 0	0.14	0.35
金融资本占优	农户五类生计资本值中，金融资本值最大，赋值为 1，否则为 0	0.09	0.29
社会资本占优	农户五类生计资本值中，社会资本值最大，赋值为 1，否则为 0	0.24	0.42
控制变量			
林业补贴	林业补贴/经营面积(元/亩)	207.05	409.03
林权抵押贷款	1=很难；2=较难；3=一般；4=较容易；5=很容易	2.01	0.87
到乡镇距离	所在村庄村委会到乡镇的距离(公里)	4.12	3.21
林业雇工价格	村庄林业雇工的平均价格(元/(人·天))	108.33	18.23
与市场联系程度	1=很不紧密；2=不紧密；3=一般；4=较紧密；5=很紧密	3.88	0.80
产权安全性	调整=1，不确定=2，不调整=3	2.40	0.84

6.3.2　模型构建

由于资本集约度和劳动集约度都为连续变量，因此本部分拟采用 OLS 回归分析方法对生计资本水平及结构与林地利用集约度的关系进行估计，其模型表达式为：

$$Y = \beta_i X_i + \varepsilon \tag{6-5}$$

其中，Y 表示林地利用的集约度，包括资本集约度和劳动集约度；X_i 表示不同的生计资本水平及结构；β_i 为其对应的系数；ε 为随机误差项。上述回归中，着重考察的是生计资本对林地集约度的条件期望的影响。除此之外，笔者还关心的是，生计资本对整个林地利用集约度分布的全貌影响，以此对生计资本影响集约度有更全面的认识。除此之外，OLS 最小化的目标函数为残差平方和，容易受到极端值的影响，因此在 OLS 之后使用分位数回归（QR）来研究生计资本对林地利用集约度影响的分布规律，由于 QR 使用的是残差绝对值的加权平均作为最小化的目标函数，不易受极端值的影响，结果较为稳健。分位数回归是以分位数为基准，估计一组回归变量与被解释变量的分位数之间线性关系的建模方法，本书选取分位点 q=0.1、0.25、0.5、0.75、0.9 进行分位数回归，构造方程如下：

$$Y_q(X) = \beta_q X' \tag{6-6}$$

式(6-6)中，$Y_q(X)$ 表示给定 X 的情况下与分位点 q 对应的条件分位数；X 为解释变量；β_q 为分位数回归系数。

6.4　生计资本对农户林地利用集约度影响的实证分析

6.4.1　生计资本水平对农户林地利用集约度的影响

在对生计资本与集约度回归后，使用 STATA 命令“estat imtest, white”进行怀特检验，P 值为 0.12，即表明不存在异方差，OLS 的估计效率没有得到降低，但本书依然使用稳健标准误进行汇报，此外，对林业补贴和林业雇工价格变量进行了对数处理，模型 Prob>F =0.0000，R^2=0.4860，表明模型拟合程度较好。表 6-3 为生计资本水平对农户林地利用集约度影响的 OLS 估计结果。

表 6-3　生计资本水平对农户林地利用集约度影响的估计结果

变量名称	资本集约度		劳动集约度	
	Coef.	Std. Err	Coef.	Std. Err
人力资本	−0.033**	0.015	0.052***	0.019
自然资本	−0.016**	0.007	−0.004**	0.002
物质资本	0.072	0.062	0.059***	0.016
金融资本	0.162***	0.027	0.123**	0.054
社会资本	0.022**	0.009	0.035*	0.018

续表

变量名称	资本集约度		劳动集约度	
	Coef.	Std. Err	Coef.	Std. Err
控制变量				
林业补贴	-0.061***	0.015	-0.016*	0.009
林权抵押贷款	0.028***	0.008	0.064**	0.028
到乡镇距离	0.054***	0.013	0.045**	0.018
林业雇工价格	0.963	0.687	0.789***	0.129
与市场联系程度	0.452***	0.121	0.437**	0.192
产权安全性	0.028*	0.016	0.037*	0.021

注：*、**、***分别表示在 10%、5%、1%统计水平上显著。

从表 6-3 中可以看出，人力资本对资本集约度的影响在 5%水平上表现为显著的负向影响，而对劳动集约度的影响在 1%水平上表现为显著的正向影响，表明随着人力资本的提高，降低了农户林地的资本集约度，提高了农户林地的劳动集约度。自然资本对资本集约度和劳动集约度均在 5%水平上表现出显著的负向影响，也即表明，农户拥有的自然资本越多，越不利于资本和劳动的集约经营，其资本集约度和劳动集约度反而下降。物质资本仅对劳动集约度在 1%水平上显著正相关，而对资本集约度的影响不显著，即物质资本的增强能够提高林业经营的劳动集约度。金融资本对资本集约度和劳动集约度均表现出了显著的正向影响，与资本集约度在 1%水平上显著，与劳动集约度在 5%水平上显著，即金融资本有助于提高农户林地利用的资本集约度和劳动集约度。社会资本对资本集约度的影响在 5%水平上显著正相关，对劳动集约度的影响在 10%水平上显著正相关，即社会资本也有助于提高农户林地利用的资本集约度和劳动集约度。

控制变量中的相关变量也对农户的林地利用集约度产生了不同程度的影响，具体而言，林业补贴与集约度均为显著的负向影响，林权抵押贷款、到乡镇距离、与市场联系程度、产权安全性变量均对集约度产生显著的正向影响，林业雇工价格仅对劳动集约度产生显著正向影响，而对资本集约度的影响不显著。

6.4.2　生计资本结构对农户林地利用集约度的影响

林地利用集约经营是基于农户生计资本不同要素间的变换匹配和动态性平衡的综合考量，不仅需要一定程度的生计资本水平，也需要各类别资本间的合理结构配置。因此，本部分对生计资本结构与农户的林地利用集约度也进行了考察，$Prob>F=0.0000$，$R^2=0.5120$，表明模型拟合程度较好。表 6-4 为生计资本结构对农户林地利用集约度影响的估计结果。

表 6-4 生计资本结构对农户林地利用集约度影响的估计结果

变量名称	资本集约度		劳动集约度	
	Coef.	Std. Err	Coef.	Std. Err
人力资本占优	-0.013***	0.003	-0.026***	0.009
自然资本占优	-0.056***	0.012	-0.005***	0.001
物质资本占优	0.032	0.027	-0.037	0.026
金融资本占优	0.003***	0.001	0.002	0.003
社会资本占优	0.021	0.058	-0.026	0.018
控制变量				
林业补贴	-0.005*	0.002	-0.006*	0.003
林权抵押贷款	0.004**	0.002	0.090***	0.038
到乡镇距离	0.062*	0.034	0.061*	0.034
林业雇工价格	0.001	0.012	0.001	0.002
与市场联系程度	0.013***	0.004	0.016**	0.007
产权安全性	0.001	0.003	0.002	0.004

注：*、**、***分别表示在10%、5%、1%统计水平上显著。

可以看出，人力资本占优、自然资本占优和金融资本占优三个变量通过了显著性检验，表明不同资本结构对农户的林地利用集约度具有显著影响效应。人力资本占优和自然资本占优均在1%水平上与资本集约度和劳动集约度显著负相关，可能的原因是林区多位于山区，经营的规模化难以短时间内形成，林地的细碎化以及规模的扩大导致粗放式经营，这与兼业行为也存在极大的影响，具体影响将在6.4.3部分对不同类型农户的集约度进行实证分析。金融资本占优在1%水平上与资本集约度显著正相关，由于金融资本占优相对容易转化为其他类型的生计资本，农户所需要的各类其他资本的合理结构配置容易得到满足，因此会提高其资本集约度。

6.4.3 生计资本对不同类型农户林地利用集约度分布规律的影响

为了分析生计资本对不同类型农户林地集约度影响的整体情况，本部分首先分别对不同类型农户的生计资本与集约度进行OLS回归，即构建纯林户的OLS回归模型、林业兼业户的OLS回归模型、兼业林业户的OLS回归模型、非林户的OLS回归模型。纯林户模型和林业兼业户模型中的资本集约度和劳动集约度模型中Prob>F值均为0.0000，达到1%水平上的显著性；兼业林业户的资本集约度和劳动集约度模型中Prob>F值分别为0.040和0.057，分别达到5%和10%的显著性水平；非林户的资本集约度模型中Prob>F值分别为0.009和0.102，其资本集约度达到1%的显著性水平，说明回归模型具有较强的有效性。此外，不同类型农户的数量均在100以上，属于大样本回归，能够保证OLS估计量的无偏、一致性。其次，由于生计资本结构中均为虚拟变量，为后续了解生计资本对集约度影响分布规律的分位数回归模型实施，故在此部分生计资本对不同类型农户的林地集约度影响中只汇报生计资本水平，省略其生计资本结构的影响。此外，为方便对结果进行对比分析，分次回归中的控制变量结果不在表格中列示，表 6-5 汇报了生计资本对不同类型农户林地集约度的影响结果。

表 6-5　生计资本对不同类型农户林地利用集约度的影响结果

农户类型	变量	资本集约度		劳动集约度	
		Coef.	Std. Err	Coef.	Std. Err
纯林户	人力资本	-0.052	0.042	-0.065	0.049
	自然资本	-0.019**	0.008	-0.014***	0.005
	物质资本	0.086	0.058	0.047***	0.016
	金融资本	0.134***	0.042	0.113	0.077
	社会资本	0.072**	0.011	0.043*	0.025
林业兼业户	人力资本	-0.015	0.006	0.019***	0.006
	自然资本	-0.007	0.047	-0.014	0.012
	物质资本	-0.062	0.083	-0.016	0.013
	金融资本	0.127	0.014	0.154**	0.072
	社会资本	0.012	0.023	0.018	0.011
兼业林业户	人力资本	0.018	0.016	0.028**	0.013
	自然资本	-0.020***	0.006	0.041	0.046
	物质资本	-0.067	0.048	-0.052	0.041
	金融资本	0.039	0.032	0.022	0.023
	社会资本	0.026	0.019	0.053	0.042
非林户	人力资本	-0.014***	0.004	0.016	0.011
	自然资本	-0.035***	0.011	-0.024*	0.013
	物质资本	-0.041	0.031	-0.035	0.021
	金融资本	0.162	0.102	0.123	0.096
	社会资本	0.044	0.038	0.027	0.026

注：*、**、*** 分别表示在 10%、5%、1%统计水平上显著。

①人力资本的影响。人力资本对林业兼业户和兼业林业户的劳动集约度分别在 1%和 5%水平上产生显著的正向影响，即在其他影响条件不变的情况下，人力资本的提高有助于兼业化生产的农户提高其劳动集约度。而人力资本对非林户的资本集约度表现为 1%水平上显著负相关，即随着非农户人力资本的提高，其资本集约度反而下降。人力资本对纯

林户的资本集约度和劳动集约度没有显著影响，通过第4章和第5章的分析可知，纯林户在五类生计资本中具有较高的人力资本，实际中经营用材林的比例多，但在林地的利用方式上更愿意经营经济林、竹林和林下经济，农户的林地利用意愿及用材林的长周期性可能是导致人力资本对纯林户的资本集约度和劳动集约度没有显著影响的主要原因。

同时，为进一步分析人力资本对不同类型农户林地利用集约度影响的完整情况，本部分运用Bootstrap自助法重复400次对分位点在 $q=0.1$、0.25、0.5、0.75、0.9上的回归系数随着分位数的变化情况以图示的形式直观展现，具体如图6-2和图6-3所示。

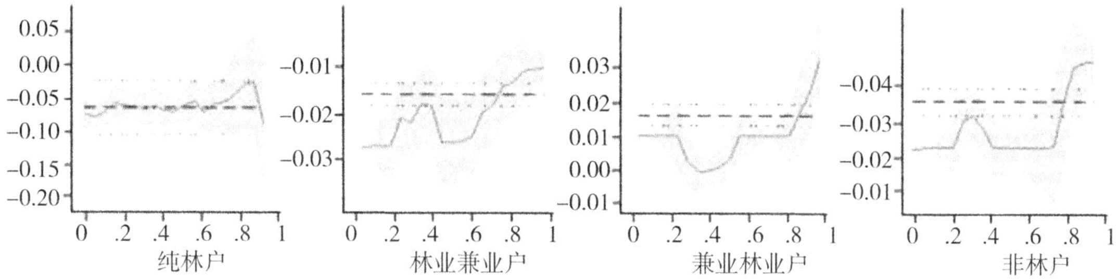

图6-2 人力资本对不同类型农户林地利用资本集约度影响的变化规律

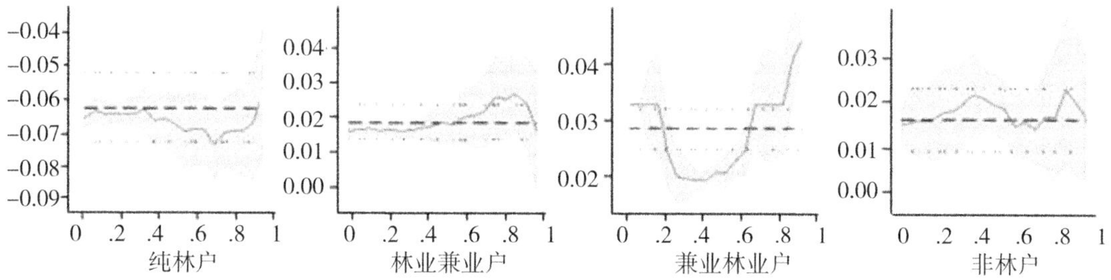

图6-3 人力资本对不同类型农户林地利用劳动集约度影响的变化规律

人力资本对纯农户的资本集约度和劳动集约度影响不显著，随着纯林户资本集约度的提高，人力资本对资本集约度的影响(小于0.7个分位点)呈现稳定趋势，大于0.7个分位点后呈现先减小后增大的变化规律，而对劳动集约度的影响随集约度增大呈先增大后减小的变化规律。人力资本对林业兼业户资本集约度的影响不显著，但在0.5及0.1分位点上的影响达到最大，即对资本集约度最低和居中农户的影响比较稳定，对中高、中低农户集约度的影响变化较大。人力资本对林业兼业户的劳动集约度具有显著正向影响，且影响程度随集约度的提高呈先增大后减小的变化规律。人力资本对兼业林业户的资本集约度和劳动集约度的影响规律较为一致，即先趋于平稳，然后呈U形变化趋势，再趋于平稳而后增大，其人力资本对劳动集约度的正向影响更显著一些。人力资本对非林户的资本集约度负向影响显著，尤其是在0.2~0.4分位点，随集约度的提高呈U形变化趋势，在0.75分位点后呈逐渐减小趋势。人力资本对非林户劳动集约度的影响在中间分位点呈先增大后减小趋势，在0.8分位点以上也呈先增大后减小趋势变化。

②自然资本的影响。自然资本对于纯林户的资本集约度在5%水平上显著负相关，与劳动集约度在1%水平上显著负相关，即对于纯林户而言，自然资本的增加降低了林地的集约度，这与林业经营的长期集约度不高现状相吻合，与生计资本之外的集体林权制度改革和价格因素等相关，单从生计资本来讲，可能是林农家庭多位于山区，经营的规模化难以短时间内形成，林地的细碎化以及规模的扩大，导致粗放式经营。自然资本对兼业林业户的资本集约度在1%水平上显著负相关，与非林农的资本集约度和劳动集约度分别在1%和10%水平上显著负相关。可以看出，自然资本对纯林户、兼业林业户、非林户的林地利用集约度都产生了负向影响，成为影响不同类型农户林地集约经营的主要生计资本因素。

同时，为进一步分析自然资本对不同类型农户林地利用集约度影响的完整情况，本部分运用Bootstrap自助法重复400次对分位点在 $q=0.1$、0.25、0.5、0.75、0.9上的回归系数随着分位数的变化情况以图示的形式直观展现，具体如图6-4和图6-5所示。

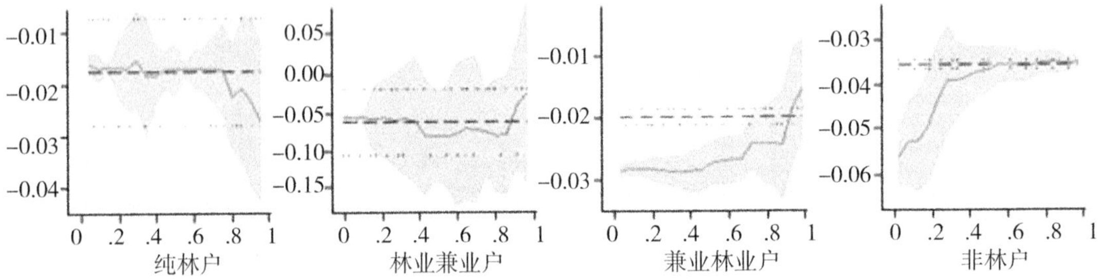

图6-4　自然资本对不同类型农户林地利用资本集约度影响的变化规律

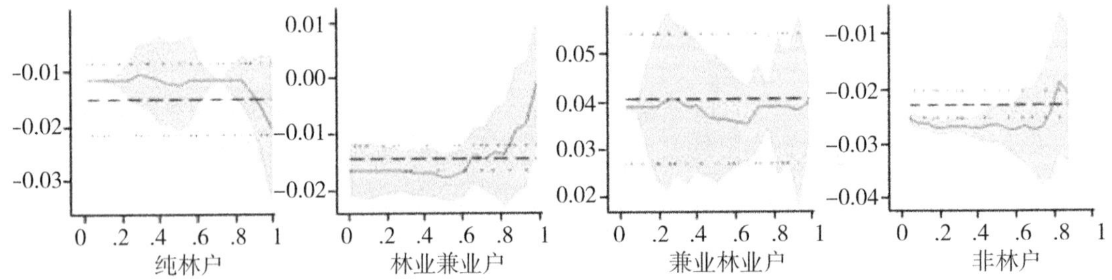

图6-5　自然资本对不同类型农户林地利用劳动集约度影响的变化规律

自然资本对纯林户的资本集约度和劳动集约度均具有显著的负向影响，且随着集约度的增大，在0.8分位点后呈增大趋势，即自然资本对纯林户的影响在0.8分位点前较为稳定，在高分位点对集约度的影响程度也变大。自然资本对林业兼业户的影响不显著，对林业兼业户的资本集约度影响不显著，但与劳动集约度在高分位点上呈现显著的正向影响。自然资本对兼业林业户的资本集约度呈现显著的负向影响，随着劳动集约度的提高，其影响程度逐渐减小，对兼业林业户的劳动集约度影响不显著。自然资本对非林户的资本集约度和劳动集约度均具有显著的负向影响，对资本集约度的影响在 0.5 分位点下较大，其影响程度随着集约度的提高而减小，对劳动集约度的影响在 0.7 分位点之前保持平稳趋势，0.7 分位点之后呈减小趋势。

③物质资本的影响。物质资本仅对纯林户的劳动集约度在 1%水平上显著正相关，即物质资本的增加提高了纯林户林地利用的劳动集约度。纯林户家庭的物质资本提高，相对于其他类型农户，纯林户主要从事林业生产，对资本和劳动要素的重视度较大，有助于其利用生产工具和生产基础设施加大对林地的劳动投入，进而提高其劳动集约度。

同时，为进一步分析物质资本对不同类型农户林地利用集约度影响的完整情况，本部分运用 Bootstrap 自助法重复 400 次对分位点在 $q=0.1$、0.25、0.5、0.75、0.9 上的回归系数随着分位数的变化情况以图示的形式直观展现，具体如图 6-6 和图 6-7 所示。

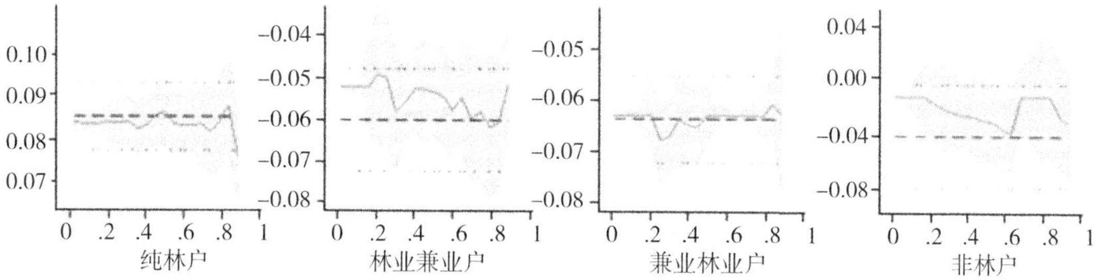

图 6-6　物质资本对不同类型农户林地利用资本集约度影响的变化规律

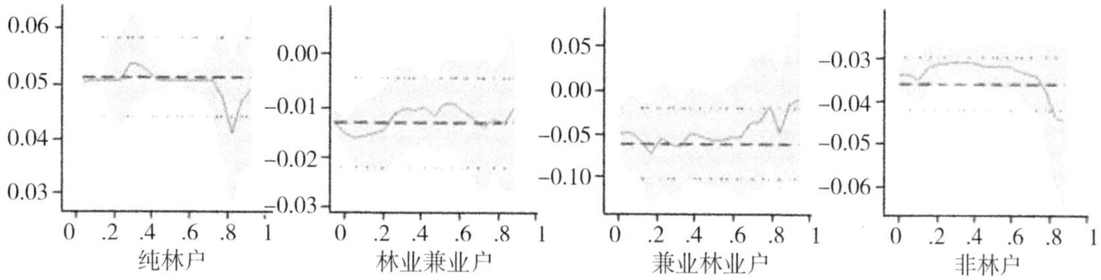

图 6-7　物质资本对不同类型农户林地利用劳动集约度影响的变化规律

物质资本对纯林户的资本集约度影响不显著，对纯林户资本集约度的影响程度基本趋于稳定，即随着纯林户资本集约度的提高，物质资本对其影响的程度趋于稳定，基本保持不变。物质资本对纯林户的劳动集约度具有显著的正向影响，其影响程度在 0.7 分位点之上呈现先减小后增大的变化规律，即在较高分位点上的影响程度变化较大，在 0.7 以下分位点上的影响程度基本趋于稳定。物质资本对林业兼业户、兼业林业户、非林户的资本集约度和劳动集约度影响均不显著，但在不同分位点对其集约度影响的程度具有较大的变化。其中，物质资本对林业兼业户的资本集约度在 0.3 及 0.8 分位点的影响程度达到最大，即呈现先增大再减小再增大的变化趋势，对林业兼业户劳动集约度的影响程度也具有先增大再减小再增大的变化趋势；物质资本对兼业林业户的资本集约度影响程度变化不大，但对劳动集约度的影响程度具有逐渐变小的趋势；物质资本对非林户资本集约度的影响在 0. 65 分位点上最大，然后减小至平稳状态，继而继续变大，对非林户的劳动集约度的影响具有逐渐变大的趋势，在 0. 8 分位点之前趋于平稳，之后逐渐变大。

④金融资本的影响。金融资本对纯林户的资本集约度在 1%水平上显著正相关，即金融资本的增加能够提高纯林户林地经营的资本集约度。金融资本对林业兼业户的劳动集约度在 5%水平上显著正相关，即金融资本的增加能够提高林业兼业户林地经营的劳动集约度。金融资本对其他类型农户的影响不显著。这说明，在兼业化程度不断提高的背景下，对于主要从事林业生产的纯林户和林业兼业户而言，资本是影响其林地利用决策的主要因素之一，一旦资本增加，农户就会在资本投入和劳动投入间做出投资安排。另外也说明，针对专业林业经营户而言，加大金融资本投入，可以有效提高其林地利用集约度。

同时，为进一步分析金融资本对不同类型农户林地利用集约度影响的完整情况，本部分运用 Bootstrap 自助法重复 400 次对分位点在 $q=0.1$、0. 25、0. 5、0. 75、0. 9 上的回归系数随着分位数的变化情况以图示的形式直观展现，具体如图 6-8 和图 6-9 所示。

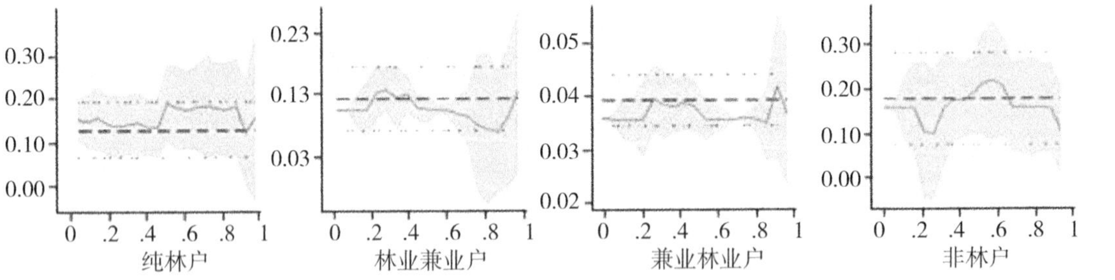

图 6-8　金融资本对不同类型农户林地利用资本集约度影响的变化规律

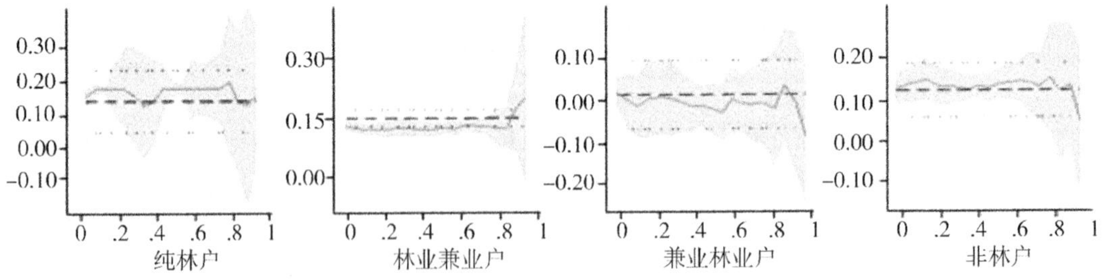

图 6-9　金融资本对不同类型农户林地利用劳动集约度影响的变化规律

金融资本对纯林户的资本集约度具有显著的正向影响，其对资本集约度的影响程度具有正向显著影响，其变化规律为随着集约度的提高，呈现先稳定再提升再趋于稳定而后下降，也即在 0. 5 分位点及 0. 85 分位点区间其保持在较高水平的正向影响，且趋于稳定。

金融资本对纯林户的劳动集约度没有显著影响，其影响程度随着劳动集约度的提高保持一个较为稳定的变化规律。金融资本对林业兼业户的资本集约度影响不显著，但是其影响程度具有显著的正向影响，呈现先下降后上升的变化趋势。金融资本对林业兼业户的劳动集约度具有显著的正向影响，其影响程度基本稳定不变。金融资本对兼业林业户的资本集约度和劳动集约度影响不显著，但对兼业林业户的资本集约度影响程度在 0.2 和 0.5 分位点区间影响程度大且保持稳定，对兼业林业户的劳动集约度影响基本保持稳定，在大于 0.9 分位点上开始呈现下降趋势，即在高分位点上金融资本随着集约度的提高，其影响程度下降，提高金融资本会降低其对林地利用劳动集约度的影响程度。金融资本对非林户的劳动集约度和资本集约度没有显著影响，但对非林户资本集约度的影响程度呈现先升后降的变化趋势，对非林户的劳动集约度的影响程度呈现先稳定再下降的变化趋势，且主要是在高分位点(0.9)以上才呈现下降趋势。

⑤社会资本的影响。社会资本对于纯林户的资本集约度和劳动集约度均具有显著影响，社会资本对与纯林户的资本集约度在 5%水平上显著正相关，与纯林户的劳动集约度在 10%水平上显著正相关，即社会资本的增加能够提高纯林户林地经营的资本和劳动集约度。这主要是因为社会资本具有经济合作功能，可以促进农户间林业生产的相互协调和合作，增强信息沟通和互换，有助于提高林地经营投入，进而提高集约度。

同时，为进一步分析社会资本对不同类型农户林地利用集约度影响的完整情况，本部分运用 Bootstrap 自助法重复 400 次对分位点在 $q=0.1$、0.25、0.5、0.75、0.9 上的回归系数随着分位数的变化情况以图示的形式直观展现，具体如图 6-10 和图 6-11 所示。

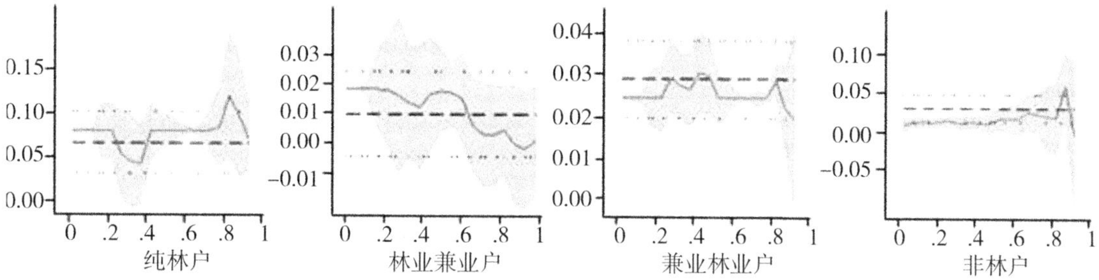

图 6-10　社会资本对不同类型农户林地利用资本集约度影响的变化规律

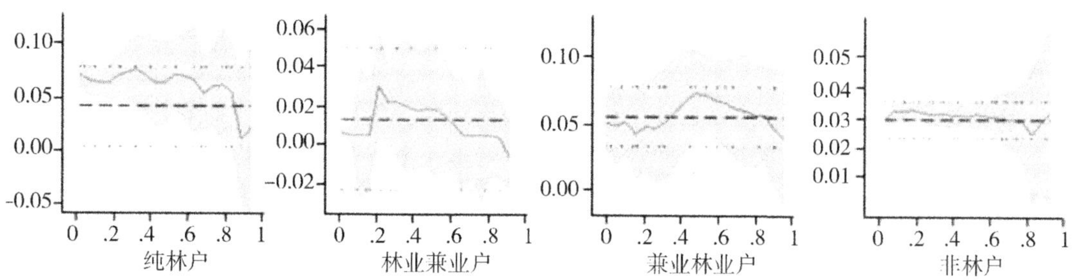

图 6-11　社会资本对不同类型农户林地利用劳动集约度影响的变化规律

社会资本对纯林户的林地利用集约度具有显著正向影响，对其资本集约度的影响程度在 0.2~0.4 分位点区间呈现 U 形变化趋势，即先下降后上升的变化规律，在 0.8 分位点之上呈现先上升后下降的趋势，不管是先下降后上升还是先上升后下降，其最终都稳定在同一水平；对纯林户劳动集约度的影响程度整体上呈现平稳到下降的过程。社会资本对林业兼业户的资本集约度和劳动集约度都没有显著影响，但其对资本集约度的影响程度在 0.6 分位点后呈现负向影响变化趋势，对于其劳动集约度的影响程度也在 0.6 分位点后呈现负向影响变化趋势，且这种负向影响程度都随集约度的提高而增大变化。社会资本对兼业林业户的资本集约度和劳动集约度都没有显著性影响，但其影响程度具有显著性变化，对于资本集约度而言，其影响程度在 0.25 以下以及 0.5~0.8 分位点区间趋于稳定，在 0.25~0.5 分位点区间呈先增再减再增再减的变化趋势，超过 0.8 分位点后呈下降趋势；对于劳动集约度而言，其影响程度表现为先增后减的变化规律，且在 0.5 分位点上的影响程度达到最大。社会资本对非林户的集约度影响也不具有显著性，在高分位点上对其集约度的影响程度具有显著性影响，对资本集约度在 0.85 分位点以上呈先增后减变化趋势，对劳动集约度在 0.85 分位点以上呈先减后增变化趋势，即在高分位点随着集约度的提高，社会资本对其集约度的影响程度变化较为明显。

6.5　本章小结

本章首先从理论上对生计资本影响农户林地利用集约度的作用机理进行分析，然后对农户林地利用的资本集约度和劳动集约度进行测度和对比分析，最后运用 OLS 模型定量分析生计资本水平、生计资本结构对农户林地资本集约度和劳动集约度的影响，并运用分位数回归进一步研究生计资本水平对不同类型农户林地利用集约度影响程度的变化规律，主要研究结论如下。

①目前，农户的林地经营劳动集约度均大于资本集约度，表明目前我国的林地经营仍在劳动集约经营阶段。从农户类型来看，兼业户的劳动集约度和资本集约度均最大，其中林业兼业户的劳动集约度最大，为 0.492，兼业林业户的资本集约度最大，为 0.454，其次是纯林户，非林户的资本集约度和劳动集约度均最小。虽然资本集约度和劳动集约度在不同类型农户间具有一定的差异，但两者的差距并不是太大，如对于林业兼业户而言，资本集约和劳动集约的差距为 0.009，这也得益于集体林权制度改革对农户营林积极性的提高，但整体上集体林权制度改革后，林业经营并未从劳动集约向资本集约转化，可能是由资本的异质性导致劳动和资本间的互补效应和替代效应以及林业社会化服务体系的不完善造成的。

②生计资本水平和结构影响农户的林地利用集约度。生计资本水平对农户林地利用资本集约度影响显著的资本类型有人力资本、自然资本、金融资本、社会资本，其影响方向为人力资本的负向影响、自然资本的负向影响、金融资本的正向影响和社会资本的正向影响。生计资本水平对农户林地利用劳动集约度影响显著的资本类型有人力资本、自然资本、物质资本、金融资本和社会资本，其影响方向为人力资本的正向影响、自然资本的负向影响、物质资本的正向影响、金融资本的正向影响和社会资本的正向影响。在生计资本

结构中，人力资本占优、自然资本占优和金融资本占优三个变量通过了显著性检验，人力资本占优和自然资本占优与资本集约度和劳动集约度显著负相关，金融资本占优与资本集约度显著正相关。

③生计资本对不同类型农户林地利用集约度的影响程度变化规律具有较大的差异，虽然有些生计资本值对农户的林地利用集约度没有表现出显著性，但其对林地利用集约度影响程度却具有显著的变化规律。其次，虽然生计资本值对农户的林地利用集约度具有不显著的正向影响作用，但从影响程度规律上看，也存在着在某分位点区间具有显著的负向影响作用现象。

第7章 生计资本对农户林地利用效率的影响

在林权制度改革政策背景下，农户作为最直接的林业经营活动微观主体，对经济机会的响应驱动了其对土地和其他自然资源利用模式的变化，直接或间接改变了其生计方式和结构，影响林地的利用效率。农户商品林的经营绩效如何？不同商品林经营类型的农户生计资本有何差异？生计资本对不同林地经营绩效的影响是否存在显著差异？对于这些问题的解答有助于更好地促进集体林地的利用效率。在第5章和第6章研究了林地利用方式、集约度问题之后，本章将从生计资本视角对林地利用的效率问题进行研究，并寻求提升农户林地利用效率的路径，对农户的可持续性生计和林业的可持续性发展具有重要理论和现实意义。

7.1 生计资本对农户林地利用效率的作用机理

Bain（1951）和Scherer(1956) 创建的"结构—行为—绩效"模型(SCP 模型)，将市场结构、市场行为和市场绩效纳入现代产业组织的范畴，被广泛应用于制度经济学领域。假定农户对林地资源利用效率是基于自身的资源禀赋，资源禀赋的多维异质性决定着农户生计策略的选择和林地资源利用中的行动策略。林业生产具有较强的自然资源依赖性特点，借鉴威廉姆森资产专用性学说，在可持续生计分析框架下提出生计资本视角下的"结构—行为—绩效"模型，分析不同生计资本结构下，农户的林地资源利用决策行为，及生计资本结构和林地资源利用决策行为对林地利用效率差异的影响。生计资本视角下的SCP模型，如图7-1所示。

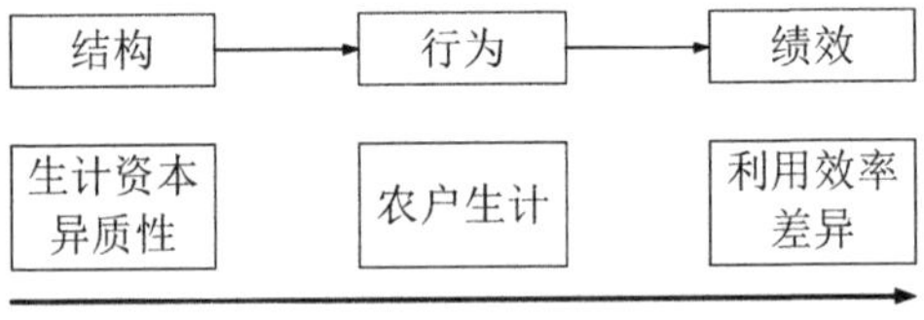

图7-1 生计资本视角下的SCP模型

生计是农户谋生的一种生活方式和生活状态，生计资本是农户生计策略选择的前提条件。可持续生计分析框架将生计资本划分为人力资本、自然资本、物质资本、金融资本和社会资本五类，直观反映了农户资源的"比较优势"，为分析农户生计资本对林地利用效率的影响提供了新思路。作为理性的林业生产经营主体，农户对林地资源利用的意愿来自其自主理性决策，成本和效益成为其理性决策中要考虑的重要变量。农户生计资本从结构和特征两个角度影响其理性自主决策，不同农户生计资本结构和特征的差异决定了其生计方式的选择和对林地资源利用生产行为的差异，并最终影响林地利用效率，如图 7-2 所示。

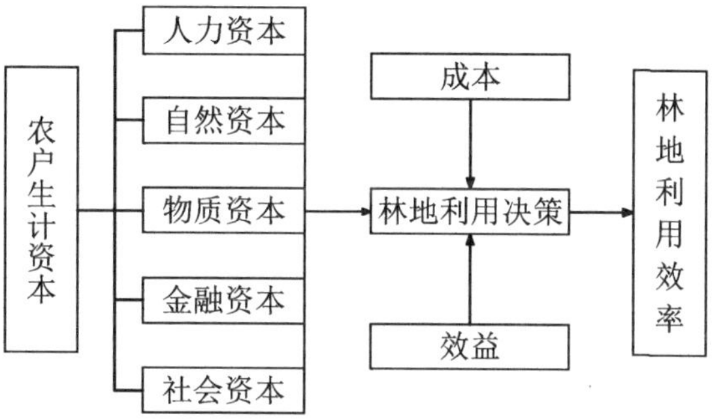

图 7-2　生计资本对农户林地利用效率的影响机理分析框架

林地利用效率是农户对林地经营投入、资源配置和合理利用程度的有效性评价。人力资本对林地利用效率的影响主要体现在家庭劳动力的数量和质量方面，由于劳动力禀赋的异质性在农户分化中起关键作用(Rodgers，1994)，以林业生产为主的农户兼业行为有助于提高林地利用效率，但随着非农兼业程度的提高，甚至会出现林地的撂荒等现象，造成林地利用效率的下降。另外，农户的受教育水平、健康状况和参加培训情况，影响着生产工具和先进技术的采用，也将影响林地资源利用效率。农户自然资本包括所拥有的林地面积、林地的细碎化和林地的质量等。土地细碎化与农户对土地的利用方式及种植结构有正相关关系(李功奎等，2006)，也具有有效的规避和分摊风险功能，因此土地细碎化可以提高农户的利用效率。物质资本包括家庭住房、生产工具条件等。一般而言，农户拥有较为充裕的物质资本，如家庭固定资产中的农用运输和生产机械，可以有效改善林地利用效率。金融资本是农户所拥有的收入和信贷可得性，多项研究表明，农户投资和获得信贷资源是影响农户收入的关键因素(孙若梅，2006)，进而影响金融资本。对于纯农户而言，金融资本多寡有助于促进向物质资本的转化，即加大投入、改善生产条件，促进林地利用效率提升。社会资本是一种非制度化的社会关系网络，如信任、声望、参与、网络、规范等，不同农户具有较为明显的社会资本异质性。社会资本的提高能明显改善贫困问题(李琳森等，2019；于艳丽等，2018)，如与邻居的交往程度较深，可以通过对信息的交流与分享来降低交易成本，也有益于促使相互合作，自然带来林地利用意愿、行为上的积极性和参与性，提高林地利用效率。

7.2　农户林地利用效率测算及差异分析

7.2.1　农户林地利用的效率测算

(1)效率测算方法

林地效率的测算方法主要有随机前沿生产函数(SFA)、数据包络分析(DEA)以及方向距离函数(SBM)、自由分布法(DFA)等。SFA 和 DEA 作为比较常见的效率评价方法，各有优缺点，SFA 是一种参数的方法，需要设定生产函数形式，而 DEA 是一种非参数的方法，不需要设定具体的函数形式，通过数学规划求解的方法对多投入与多产出问题的相对有效性给出评价，但没有提出环境因素和随机误差项的影响，因此本章采用三阶段 DEA 的方法进行林业生产效率研究，三阶段 DEA 法将 SFA 和传统 DEA 两种方法进行结合，所得结果更加准确和客观。其步骤如下。

第一步：传统 DEA 分析。农户对集体林地的利用效率受到投入产出因素影响较多，随着林地的规模化经营，其规模报酬会发生变化，此外，由于林业产出量比投入量更难加以控制，因此选择具有投入导向的 BCC 模型进行效率估计，而不选择 CCR 模型，其模型表达式如下：

$$\min\theta$$

$$\text{s. t.}\begin{cases}\sum_{j=1}^{n}\lambda_j x_j + s^+ = \theta x_0\\ \sum_{j=1}^{n}\lambda_j y_j - s^- = y_0\\ \sum_{j=1}^{n}\lambda_j = 1\\ \lambda_j,\ s^+,\ s^- \geqslant 0\end{cases} \tag{7-1}$$

式(7-1)中，x_j、y_j 分别表示第 j 个农户的输入和输出总量，s^+、s^- 则为产出和投入的松弛变量。λ 为 DMU 的组合系数，若 $\lambda=1$，则为有效率的 DMU，规模收益不变；若 $\lambda>1$，则规模收益递减；若 $\lambda<1$，则规模收益递增。

第二步：SFA 回归分析。结合第一步 BCC 模型的分析结果，以农户集体林地经营过程中各投入指标的冗余值作为被解释变量，以农户禀赋、林地特征等环境变量作为解释变量，构建相似 SFA 回归模型：

$$S_{nk}=f(z_k;\ \beta_n)+v_{nk}+u_{nk};\ n=1,\ 2,\ \cdots,\ N;\ k=1,\ 2,\ \cdots,\ K \tag{7-2}$$

式(7-2)中，S_{nk} 表示第 k 个决策单元的第 n 项投入松弛量；$z_k=[z_{1k},\ z_{2k},\ \cdots,\ z_{pk}]$ 表示 p 个外部环境变量；β_n 为其待估参数；$f(z_k;\ \beta_n)$ 为环境变量对投入松弛变量的影响方式，一般假定 $f(z_k;\ \beta_n)=z_k\beta_n$。$v_{nk}+u_{nk}$ 为混合误差项，其中 v_{nk} 反映随机干扰，且假定 $v_{nk}\sim N(0,\ \sigma_{vn}^2)$；$u_{nk}$ 反映管理无效率，并假定其服从截断正态分布，即 $u_{nk}\sim N^+(\mu_n,\ \sigma_{un}^2)$，且两者独立不相关。

随后，根据 SFA 回归分析的结果，利用参数的估计值对农户集体林地经营原始投入值进行调整，使得所有农户集体林地经营均处在同质环境之下，调整的表达式如下：

$$x_{nk}^A=x_{nk}+[\max_k(z_k\beta_n)-z_k\beta_n]+[\max_k(v_{nk})-v_{nk}];$$
$$n=1,\ 2,\ \cdots,\ N;\ k=1,\ 2,\ \cdots,\ K \tag{7-3}$$

式(7-3)中，x_{nk}^A、x_{nk} 分别为调整后和调整前决策单元的投入量，$\hat{\beta}_n$、$\hat{v}_{nk}$ 分别为环境变量参数和随机干扰项的估计值。

第三步：调整 DEA 分析。将第二步农户经营林地各投入的调整值和原始产出值再次代入投入导向的 BCC 模型进行分析，最终得到农户集体林地经营效率估计值。由于剥离了环境因素和随机误差对农户经营林地投入的影响，因而得到的估计值能够比较真实地反映农户集体林地经营效率。

(2)指标定义与描述

由于林下经济这一林地利用方式包括林下种植养殖、采集业和森林旅游业，种类繁多，不便于对其投入产出状况进行处理，为此，本章节仅针对商品林经营类型农户的林地利用效率进行测算，即只包括用材林、经济林和竹林三种林地利用方式进行测算。在总样本中，经营用材林的农户有 294 户，占 44.95%；经营经济林的农户有 134 户，占 20.48%；经营竹林的农户有 85 户，占 12.99%。

投入—产出指标。针对林地经营过程而言，要想全面、客观地评价农户集体林地经营效率，投入产出指标的选择要尽可能涵盖林业生产的各个方面。林业投入主要涵盖劳动力投入、林地面积投入和资金投入；林业产出主要涵盖森林生长量和林业收入。结合用材林、经济林和竹林三组不同的林地经营类型，投入—产出指标的具体选择有所差异。

用材林经营在造林当年的投入较大，在第 2~3 年的抚育投入较大，至采伐前的投入较少，其投入产出指标是根据最近 5 年的投入产出进行平均计算得出，在资金投入中以 2012 年的不变价格进行折算，以达到其后各年资金投入的可比性。对于产出指标，有些用材林的收益周期较长，其产出指标为未来收益在最近 5 年的折现均摊，并对其求平均值。结合用材林特点，选取用材林的投入—产出指标为：劳动力投入、林地面积投入、资金投入、单位面积林地收益，见表 7-1。

表 7-1　用材林经营效率评价指标体系

指标类型	选取指标	计量单位	指标说明
投入指标	劳动力投入	天/年	包括自投工数和雇工数
	林地面积投入	亩	实际营林面积
	资金投入	元/亩	包括化肥费用、农药费用、林地租金等
产出指标	林地收益	元/亩	单位面积上的林地收益

经济林具有周期短、收益快的特点，且每年都有产出，因此指标为当年的数值，也即 2016 年全年的平均投入产出指标。结合经济林特点，选取经济林的投入—产出指标为：劳动力投入、林地面积投入、资金投入、经济林收入，见表 7-2。

表 7-2　经济林经营效率评价指标体系

指标类型	选取指标	计量单位	指标说明
投入指标	劳动力投入	天/年	包括自投工数和雇工数
	林地面积投入	亩	实际营林面积
	资金投入	元/亩	包括化肥费用、农药费用、林地租金等
产出指标	经济林收入	元/亩	经济林的亩均收益

由于竹林生产具有大、小年之分，因此其投入产出指标在问卷中也是针对农户最近两年的平均投入产出水平进行调查，即2015和2016年的平均投入产出指标。结合竹林特点，选取竹林的投入—产出指标为：劳动力投入、资金投入、林地面积投入、竹材产出量、竹笋产出量、竹林净收益，见表7-3。

表7-3 竹林经营效率评价指标体系

指标类型	选取指标	计量单位	指标说明
投入指标	劳动力投入	天/年	包括自投工数和雇工数
	林地面积投入	亩	实际营林面积
	资金投入	元/亩	包括化肥费用、农药费用、林地租金等
产出指标	竹材产出量	根/年	年竹材出材量
	竹笋产出量	公斤/年	年竹笋出材量
	竹林净收益	元/年	产出量×销售均价，包括竹材和竹笋

环境变量。环境变量是影响农户集体林地经营效率但不受农户主观控制或短期内无法改变的因素。综合农户集体林地经营的实际情况，参考已有研究(郭军华等，2010；李桦等，2014；黄森慰等，2010；孔凡斌等，2012)，从林农基本特征、林地经营特征、政策扶持自然地理因素等4个方面选择指标作为环境变量。以户主年龄、受教育水平、是否受过林业培训、是否加入合作社等4个指标反映林农基本特征；以林地细碎化程度、林业劳动力占比、林业收入占比等3个指标来反映林地家庭经营特征；以是否有森林保险、是否抵押贷款、是否有林业补贴等3个指标来反映政策扶持因素；以距离乡镇中心距离反映自然地理因素，见表7-4。选取环境指标变量，目的在于利用SFA回归分析有效剥离环境因素和随机误差对农户集体林地经营效率的影响，使得所有农户家庭置于同质环境下，进而使测算结果客观有效。

表7-4 环境变量定义

变量类型	变量名	变量定义
农户基本特征	年龄	户主年龄(岁)
	受教育水平	1=小学及以下；2=初中；3=中专或高中；4=大专或本科以上
	是否受过林业培训	0=否；1=是
	是否加入合作社	0=否；1=是
林地经营特征	林地细碎化程度	林地块数(块)
	林业劳动力占比	林业劳动力/劳动力总量
	林业收入占比	林业收入/家庭总收入

续表

变量类型	变量名	变量定义
政策扶持	是否有森林保险	0=否；1=是
	是否抵押贷款	0=否；1=是
	是否有林业补贴	0=否；1=是
自然地理	距离乡镇中心距离	林农家庭到乡镇的距离(公里)

7.2.2 效率测算结果及差异分析

将不同林地利用方式农户的投入和产出数据代入投入导向的 BCC 模型，并运用 Deap 2.1 软件进行计算，得到第一阶段综合技术效率、纯技术效率、规模效率值，结果见表 7-5。

表 7-5 第一阶段 DEA 评价结果

林地利用方式	样本量	经营效率		
		TE1	PTE1	SE1
用材林	294	0.223	0.463	0.482
经济林	134	0.143	0.384	0.372
竹林	85	0.115	0.365	0.315

注：TE1、PTE1、SE1 分别表示第一阶段农户集体林地综合技术效率、纯技术效率和规模效率，TE1 =PTE1 * SE1。

将第一阶段计算的各投入冗余值作为被解释变量，上述 11 个环境变量作为解释变量，运用 Frontier 4.1 软件进行 SFA 回归，结果见表 7-6。结果表明，11 个环境变量对劳动投入、林地面积、资金投入的投入松弛变量系数多数通过了显著性检验，表明环境因素对各投入冗余确实存在显著影响；γ 均通过了在 1%水平下的显著性检验，说明管理因素和随机误差是集体林地投入冗余的主导影响因素。这表明，应用 SFA 模型剥离环境因素和随机误差对效率的影响是有必要的。

表 7-6 第二阶段 SFA 回归分析结果

变量	劳动力投入松弛	林地面积投入松弛	资金投入松弛
年龄	-0.71** (-1.99)	-1.61** (-2.13)	-0.63** (-2.16)
受教育水平	-1.05* (1.84)	-1.02** (2.24)	-1.11** (2.23)

续表

变量	劳动力投入松弛	林地面积投入松弛	资金投入松弛
是否受过林业培训	-2.08*** (-2.87)	-3.16*** (-4.06)	-3.05*** (-4.57)
是否加入合作社	-0.54 (-1.08)	-0.25 (-1.37)	-0.25 (-1.43)
林地细碎化程度	0.52** (2.03)	0.21* (1.65)	1.74** (2.52)
林业劳动力占比	-0.87*** (-3.01)	-1.52*** (-2.87)	-0.98*** (-3.61)
林业收入占比	-3.99*** (3.67)	4.02*** (3.09)	3.35*** (2.74)
是否有森林保险	-0.68*** (-5.54)	-0.37*** (-3.58)	-0.89*** (-3.21)
是否抵押贷款	-0.16*** (-2.98)	-0.96** (-2.37)	-0.95* (-1.94)
是否有林业补贴	-0.78*** (-3.18)	-1.42** (-2.47)	-0.77*** (-3.06)
距离乡镇中心距离	0.65** (1.98)	1.54** (2.25)	2.31** (2.29)
常数项	4.25*** (-2.98)	-5.34** (2.36)	-3.19*** (2.79)
σ^2	1.23*** (4.58)	2.32** (2.41)	2.75*** (6.33)
γ	0.94*** (3.65)	0.97*** (3.14)	0.96*** (4.53)
对数似然函数	-11.68	-12.97	-13.54

注：*、**、*** 分别表示在 10%、5%、1%统计水平上显著，括号内的值为 T 统计量。

环境变量对各投入松弛变量的影响说明如下。

①农户基本特征：年龄对劳动力投入、林地面积投入、资金投入的系数为负，且在 5%显著性水平下显著，说明随着年龄的增大，投入的松弛量将会减少，从而对农户集体林地经营效率产生有利作用，这与理论预期相符，原因在于年龄较大的农户具有经验优势，对经营效率具有正面效果；受教育水平对劳动力投入、林地面积投入、资金投入的系

数为负，且在1%或5%显著性水平下显著，说明随着受教育水平的提高，投入的松弛量将会减少，从而对农户集体林地经营效率产生有利作用，这与理论预期相符，原因在于受教育程度越高，农户越容易接受新技术，从而提高经营效率；是否受过林业技术培训对劳动力投入、林地面积投入、资金投入的系数为负，且在1%显著性水平下显著，说明林业技术培训有利于农户营林积极性的提高，从而对林业经营效率产生有利影响；是否加入合作社对投入松弛变量影响并不显著，原因可能在于当前农户加入合作社比例过低，没有产生显著作用。

②林地经营特征：林地细碎化程度对劳动力投入、林地面积投入、资金投入的系数为正，且在10%或5%显著性水平下显著，说明随着林地块数增多，投入的松弛量将会增加，从而对农户集体林地经营效率产生抑制作用，这与理论预期相符；林业劳动力占比对劳动力投入、林地面积投入、资金投入的系数为负，且在1%显著性水平下显著，说明随着林业劳动力占比的增加，投入的松弛量将会减少，从而对农户集体林地经营效率产生有利作用；林业收入占比对劳动力投入、林地面积投入、资金投入的系数为负，且在1%显著性水平下显著，说明随着林业收入占比的增加，投入的松弛量将会减少，从而对农户集体林地经营效率产生有利作用。

③政策扶持因素：是否有森林保险、是否有林权抵押贷款、是否有林业补贴对劳动力投入、林地面积投入、资金投入的系数为负，且在1%或5%或10%显著性水平下显著，说明政策扶持因素对农户集体林地经营效率产生有利作用，表明林权制度改革具有显著成效。

④自然地理因素：距离乡镇中心距离对劳动力投入、林地面积投入、资金投入的系数为正，且在5%显著性水平下显著，说明随着距离乡镇中心距离增加，投入的松弛量将会增加，从而对农户集体林地经营效率产生不利影响。

11个环境变量对农户林地经营效率的影响方向和影响程度并不相同，因此，需要调整投入变量，使得农户具有同样的经营环境，得到真实的效率。(郭亚军，2010)将第二阶段计算出的11个环境变量估计参数代入(7-3)式，对原始投入变量进行调整，得到新的投入变量，运用BCC模型将新投入变量和原始产出变量进行分析，得出农户林地经营效率，结果见表7-7。

表7-7 不同林地经营类型农户生计资本及经营效率均值

林地利用方式	样本量	经营效率		
		TE3	PTE3	SE3
用材林	294	0.204	0.564	0.401
经济林	134	0.121	0.492	0.225
竹林	85	0.096	0.486	0.233

注：TE3、PTE3、SE3分别表示第三阶段农户集体林地综合技术效率、纯技术效率和规模效率，TE3 = PTE3 * SE3。

从表7-7中可以看出，目前商品林经营效率整体处于较低水平，不同林地利用方式的效率值出现较大的差异，用材林的综合效率高于经济林和竹林，而纯技术效率又相差不大，根本是由用材林的规模效率决定的。用材林在林区道路建设及林业机械化使用方面，要远强于经济林和竹林，其林地多集中连片，细碎化程度低，规模效率较高。经营竹林农户和经济林农户的规模效率都较低，几乎所有农户的规模收益均处于递增阶段，如果适当提高农户的林地经营规模，将极大促进综合效率值的提升。

比较表7-5和表7-7可知，剔除环境因素和随机误差影响后，不同林地利用方式的纯技术效率有所提高，规模效率下降，导致综合技术效率下降。用材林的纯技术效率由0.463提高到0.564，规模效率由0.482下降到0.401，综合技术效率由0.223下降到0.204；经济林的纯技术效率由0.384提高到0.492，规模效率由0.372下降到0.225，综合技术效率由0.143下降到0.121；竹林的纯技术效率由0.365提高到0.486，规模效率由0.315下降到0.233，综合技术效率由0.115下降到0.096。

7.3 变量选择及模型构建

7.3.1 变量选择

为进一步研究农户生计资本水平和生计资本结构对林地利用效率的影响，本章选择不同林地利用方式的经营效率作为因变量，由于效率的测算，针对不同林地利用方式的投入产出差异较大，无法整体计算林农的林业生产效率，故本章的研究不再区分不同类型农户。

自变量的选择同第5章，即五类生计资本值和生计资本结构。数据来源同1.5.1节内容，由于林下经济这一林地利用方式包括林下种植养殖、采集业和森林旅游业，种类繁多，不便于对其投入产出状况进行处理，为此，本部分仅选择用材林、经济林和竹林三种林地利用方式的农户去考察生计资本对林地利用效率的影响。其中，经营用材林的农户有294户，经营经济林的农户有134户，经营竹林的农户有85户。

产权影响经济绩效的根本途径是通过影响人的目标与动机，进而影响其林地利用决策。林地产权越完整，越有利于林地生产的外部性内部化，减少农户林地利用过程中的机会主义倾向。林业经营具有连续性、长周期性特点，产权不稳定，将会对农户林地经营的预期结果造成极大影响，不利于调动农户的投资积极性。相反，稳定的产权制度环境将极大地激励和约束农户的林地利用决策行为，有利于提高林地利用效率。因此，本章将产权感知变量、地区虚拟变量作为控制变量。其中，产权感知变量通过问卷"您对林地未来的调整预期是怎样的?"题项进行测量，调整=1，不确定=2，不调整=3；同样引入地区虚拟变量，以陕西省为对照组，如农户位于江西省，则"江西省"=1，"其他"=0进行赋值。

7.3.2 模型构建

由于使用DEA方法估计效率的时候，将会有一个及以上的DMU处于DEA的效率边界(效率为1)。这种多个样本在特定范围内都变成某个极限值的情形，常规的回归方法不能解释其中极限值和非极限观察值之间的性质差异，因此采用Tobit模型，具体公式如下：

$$Y_i = \alpha_0 + \alpha_1 H + \alpha_2 N + \alpha_3 P + \alpha_4 F + \alpha_5 S + \alpha_6 \text{property} + \alpha_7 \text{areas} + \varepsilon_i \qquad (7\text{-}4)$$

其中，Y_i 表示林地资源利用效率，H 表示人力资本，N 表示自然资本，P 表示物质资本，F 表示金融资本，S 表示社会资本，property 表示产权感知变量，areas 表示地区虚拟变量，α_0 为常数项。

7.4　生计资本对农户林地利用效率影响的实证分析

7.4.1　生计资本水平对农户林地利用效率的影响

7.4.4.1　生计资本水平对农户林地综合技术效率的影响

本部分运用 Stata 14.0 统计软件，检验生计资本水平对农户集体林地综合技术效率的影响结果，模型中 Prob>chi2 均为 0.000，通过显著性检验，模型整体拟合良好。

从表 7-8 中可以看出，五项生计资本水平对农户集体林地综合技术效率具有不同的影响方向和影响程度，人力资本对用材林的综合技术效率系数为负，且在 5%显著性水平下显著，说明随着人力资本的积累，不利于用材林综合技术效率的增加；而人力资本对经济林和竹林的综合技术效率系数为正，且在 1%显著性水平下显著，说明随着人力资本的积累，将会促进经济林和竹林综合技术效率的提升。物质资本对用材林和竹林系数为正，且在 10%显著性水平下显著，说明随着物资资本的积累，将会促进用材林和竹林综合技术效率的提升。金融资本对经济林和竹林的综合技术效率系数为正，且在 1%显著性水平下显著，说明随着金融资本的积累，将会促进经济林和竹林综合技术效率的提升。社会资本对用材林的综合技术效率系数为正，且在 1%显著性水平下显著，说明随着社会资本的积累，将会促进经济林和竹林综合技术效率的提升。

表 7-8　生计资本水平对农户林地综合技术效率的影响

生计资本	用材林	经济林	竹林
人力资本	-0.019**	0.114***	0.134***
自然资本	0.213	0.121**	-0.179
物质资本	0.142*	-0.109	0.048*
金融资本	-0.212	0.243***	0.384***
社会资本	0.171***	-0.179	-2.598
常数项	6.173***	11.721**	9.443
Log likelihood	-163.46	-68.72	-58.47
Prob>chi2	0.000	0.000	0.000
样本量	294	134	85

注：*、**、*** 分别表示在 10%、5%、1%统计水平上显著。

7.4.4.2　生计资本水平对农户林地纯技术效率的影响

本部分运用 Stata 14.0 统计软件，检验生计资本水平对农户集体林地纯技术效率的影响结果，模型中 Prob>chi2 均为 0.000，通过显著性检验，模型整体拟合良好。

从表 7-9 中可以看出，五项生计资本水平对农户林地利用的纯技术效率具有不同的影响方向和影响程度，人力资本对竹林的纯技术效率系数为正，且在 5%显著性水平下显著，说明随着人力资本的积累，将会促进竹林纯技术效率的增加；自然资本对竹林的纯技术效率系数为负，且在 1%显著性水平下显著，说明随着自然资本的积累，将会抑制竹林纯技术效率的增加；金融资本对经济林和竹林的纯技术效率系数为正，且在 1%显著性水平下显著，说明随着金融资本的积累，将会促进经济林和竹林纯技术效率的提升。

表 7-9　生计资本水平对农户林地纯技术效率的影响

生计资本	用材林	经济林	竹林
人力资本	0.173	0.142	0.136**
自然资本	-0.427	-0.874*	-0.193***
物质资本	0.191	0.410	0.381
金融资本	-0.268	0.369***	0.132***
社会资本	0.312	-0.347	-0.233
常数项	10.265	2.388***	17.774***
Log likelihood	-175.12	-77.84	-50.37
Prob>chi2	0.000	0.000	0.000
样本量	294	134	85

注：*、**、*** 分别表示在 10%、5%、1%统计水平上显著。

7.4.4.3　生计资本水平对农户林地规模效率的影响

本部分运用 Stata 14.0 统计软件，检验生计资本水平对农户集体林地规模效率的影响结果，模型中 Prob>chi2 均为 0.000，通过显著性检验，模型整体拟合良好。

从表 7-10 中可以看出，五项生计资本水平对农户集体林地规模效率具有不同的影响方向和影响程度，自然资本对竹林的规模效率系数为正，且在 1%显著性水平下显著，说明随着自然资本的积累，将会促进竹林规模效率的提升，竹林的自然资本增多，有利于其规模化经营，加之其生产经营周期短、获益快，促进了规模效率的提升。

表 7-10 生计资本水平对农户集体林地规模效率的影响

生计资本	用材林	经济林	竹林
人力资本	0. 109	-0. 066	0. 115
自然资本	-0. 471	0. 188	0. 095***
物质资本	0. 236	0. 233	-0. 005
金融资本	0. 779	-0. 110	0. 177
社会资本	-0. 163	0. 115	-0. 357
常数项	8. 254	12. 654	6. 994
Log likelihood	-159. 61	-66. 59	-54. 42
Prob>chi2	0. 000	0. 000	0. 000
样本量	294	134	85

注：*、**、***分别表示在10%、5%、1%统计水平上显著。

7. 4. 2 生计资本结构对农户林地利用效率的影响

7. 4. 2. 1 生计资本结构对农户林地综合技术效率的影响

本部分为分析生计资本结构对农户林地综合技术效率的影响，结果见表7-11。人力资本占优、自然资本占优和物质资本占优对农户的林地综合技术效率均具有显著影响，即生计资本结构对农户的林地综合技术效率具有显著影响作用。其中，人力资本占优在1%水平上显著负向影响用材林经营农户的综合技术效率，在5%水平上显著正向影响经济林和竹林经营农户的综合技术效率，自然资本占优在1%水平上显著正向影响经济林经营农户

表 7-11 生计资本结构对农户林地综合技术效率的影响

生计资本	用材林	经济林	竹林
人力资本占优	-0. 114***	0. 213**	0. 042**
自然资本占优	0. 009	0. 002***	0. 001
物质资本占优	0. 008***	-0. 012	-0. 008
金融资本占优	0. 003	0. 017	0. 003
社会资本占优	0. 001	0. 010	0. 005
常数项	2. 630**	4. 123*	7. 112
Log likelihood	-316. 87	-221. 14	-89. 67
Prob>chi2	0. 000	0. 000	0. 000
样本量	294	134	85

注：*、**、***分别表示在10%、5%、1%统计水平上显著。

的综合技术效率，物质资本占优仅对用材林经营农户的综合技术效率具有显著正向影响，对经济林和竹林的影响不显著。

7.4.2.2　生计资本结构对农户林地纯技术效率的影响

本部分为分析生计资本结构对农户林地纯技术效率的影响，结果见表7-12。

表7-12　生计资本结构对农户林地纯技术效率的影响

生计资本	用材林	经济林	竹林
人力资本占优	0.023**	0.059***	-0.078
自然资本占优	0.150	0.049	0.204
物质资本占优	0.091	0.088	0.014
金融资本占优	-0.078	0.005	0.065
社会资本占优	0.095*	0.039**	-0.072
常数项	2.630	4.123	7.112
Log likelihood	-332.85	-242.12	-93.95
Prob>chi2	0.000	0.000	0.000
样本量	294	134	85

注：*、**、***分别表示在10%、5%、1%统计水平上显著。

人力资本占优和社会资本占优对农户的林地纯技术效率表现出了显著影响。其中，人力资本占优在5%水平上显著正向影响用材林经营农户的纯技术效率，在1%水平上显著正向影响经济林经营农户的纯技术效率；社会资本占优分别在10%和5%水平上显著正向影响用材林和经济林经营农户的纯技术效率。具有较高的人力资本和社会资本能够提高农户的技术采纳意愿和行为，在林业生产中会优先使用和接受先进技术，使得农户林地的纯技术效率得到提高。人力资本占优和社会资本占优对竹林经营农户的纯技术效率没有显著影响，可能的原因是竹林对技术的依赖性较低，一般农户都可经营，因此资本结构具有优势的农户其对竹林的纯技术效率影响并不明显。

7.4.2.3　生计资本结构对农户林地规模效率的影响

本部分为分析生计资本结构对农户林地规模效率的影响，结果见表7-13。在生计资本结构中，仅人力资本占优对农户的林地规模效率具有显著影响，人力资本占优与用材林的规模效率在1%水平上显著负向影响，这也解释了虽然人力资本占优有助于促进农户纯技术效率的提高，但由于其对规模效率的负向影响，最终导致其综合技术效率也呈现负向影响。物质资本占优对用材林经营农户的规模效率在1%水平上显著正相关，即物质资本占优能显著提高用材林经营农户的规模效率，这是由于用材林在林区道路建设及林业机械化使用方面，要远强于经济林和竹林，其林地多集中连片，细碎化程度低，规模效率较高。

表 7-13　生计资本结构对农户林地规模效率的影响

生计资本	用材林	经济林	竹林
人力资本占优	-0.054***	0.012	0.021
自然资本占优	0.102	0.045	0.014
物质资本占优	0.401***	0.072	0.119
金融资本占优	0.012	0.035	0.009
社会资本占优	0.058	0.408	0.058
常数项	3.232	3.926	4.874
Log likelihood	-298.64	-192.75	-83.43
Prob>chi2	0.000	0.000	0.000
样本量	294	134	85

注：*、**、***分别表示在10%、5%、1%统计水平上显著。

7.4.3　生计资本视角下农户林地利用效率的影响因素分析

为进一步探究不同林地经营类型效率差异的具体原因，利用 Stata14.0 软件对生计资本各要素与林地经营效率进行回归。

7.4.3.1　农户林地利用综合技术效率的影响因素分析

本部分运用 Stata 14.0 统计软件，检验生计资本各要素对农户集体林地综合技术效率的影响结果，模型中 Prob>chi2 均为 0.000，通过显著性检验，模型整体拟合良好。

农户林地利用综合技术效率的影响，结果见表 7-14。

表 7-14　农户林地利用综合技术效率的影响因素分析

类别	变量名称	用材林	经济林	竹林
人力资本	年龄	0.031	0.212	0.177
	户主健康状况	0.116	0.232	0.261
	受教育水平	0.018	0.031	0.066
	是否兼业	0.131	0.170	0.084
	劳动力数量	-0.306**	0.059***	0.032***
自然资本	林地面积	0.122	-0.074	-0.335
	耕地面积	0.072	0.079	0.376
	林地块数	-0.016	-0.064*	0.052

续表

类别	变量名称	用材林	经济林	竹林
物质资本	家庭耐用消费品	0.064	-0.089	0.163
	家庭住房价值	0.078*	-0.184	-0.273*
金融资本	家庭存款数	0.018	0.023	0.117
	家庭总收入	0.113	-0.091	-0.036
	融资渠道	-0.035	0.035***	0.411***
社会资本	能人数量	0.046***	0.163	-0.063
	礼金支出	-0.076	0.035	-0.206
	与邻居交往程度	0.008	0.037	0.027
	社会参与	0.003	0.010	0.023
控制变量	对林地未来的调整预期	0.038***	0.075***	0.312***
	江西省	0.418	0.780	0.656**
	常数项	0.104	0.255	0.008
	Log likelihood	-102.42	-28.17	-41.81
	Prob>chi2	0.000	0.000	0.000
	样本量	294	134	85

注：*、**、***分别表示在10%、5%、1%统计水平上显著。

①人力资本方面，劳动力数量对经济林和竹林的综合技术效率系数为正，且在1%显著性水平下显著，说明随着劳动力数量的增加，经济林和竹林的综合技术效率也随之增加；劳动力数量对用材林的综合技术效率系数为负，且在5%显著性水平下显著，说明随着劳动力数量的增加，用材林的综合技术效率随之减少。究其原因，竹林和经济林对农户劳动力的要求没有性别之分，女性劳动力也可参与其生产；但在用材林的生产上，家庭劳动力中的女性劳动力基本不参与用材林的生产经营，因木材采伐等对体力的要求较高，女性劳动力一般难以胜任。

②自然资本方面，林地块数对经济林的综合技术效率系数为负，且在1%显著性水平下显著，说明林地块数的增加将会降低经济林的综合技术效率。

③物质资本方面，家庭住房价值对用材林和竹林的综合效率系数为正，且在10%显著性水平下显著，但对经济林的作用不明显。可能的原因是，林区的道路、交通、灌溉以及网络设施建设等，促进了农户对林业生产机械化和信息化的应用需求，而用材林和竹林相较于经济林对公共基础设施建设方面的依赖性更强，出现上述实证分析中家庭住房价值对经济林的综合效率没有显著影响的结果。

④金融资本方面，融资渠道对农户经济林、竹林的综合技术效率系数为正，且在1%显著性水平下显著，可能的解释是，融资渠道的增加提高了农户的生产投入积极性，金融

资本提升的同时向物质资本转化，提高了综合技术效率。

⑤社会资本方面，能人数量对用材林的综合技术效率系数为正，且在1%显著性水平下显著，说明对于社会关系较广的农户，通过采伐指标的申请以及对用材林市场信息的及时把握，可获取相对于经济林和竹林而言更为可观的经济效益。在利益导向下，社会资本较充裕的农户在长期的用材林生产经营中，建立了较为稳固的市场销售渠道和长期稳定的信任关系，通过对用材林地技术、规模的调整作用，促进了其综合效率的提升。

⑥控制变量中，农户对林地未来的预期调整对用材林、经济林和竹林的综合技术效率具有显著的正向影响。农户对林地产权的事实稳定感知越强，越能激发农户林业生产的投资、流转行为，进而提高林地产出。

7.4.3.2 农户林地利用纯技术效率的影响因素分析

本部分运用Stata 14.0统计软件，检验生计资本各要素对农户集体林地纯技术效率的影响结果，模型中Prob>chi2均为0.000，通过显著性检验，模型整体拟合良好。

农户林地利用纯技术效率的影响因素，见表7-15。在人力资本方面，农户受教育水平对竹林生产的纯技术效率系数为正，且在5%显著性水平下显著，表明随着农户受教育水平的提升，能有效提高竹林的纯技术效率；在自然资本方面，林地块数对竹林生产的纯技术效率系数为负，且在1%显著性水平下显著，说明林地块数越多，越不利于机械设备的投入使用，增加了人力成本，降低了纯技术效率；在金融资本方面，融资渠道对经济林和竹林生产的纯技术效率系数为正，且在1%显著性水平下显著，表明随着融资渠道的增加，能有效提高经济林和竹林的纯技术效率。

表7-15 农户林地利用纯技术效率的影响因素分析

类别	变量名称	用材林	经济林	竹林
人力资本	年龄	-0.014	-0.124	-0.042
	户主健康状况	-0.117	-0.121	0.038
	受教育水平	0.119	0.082	0.083**
	是否兼业	0.266	0.352	0.058
	劳动力数量	0.332	0.145	0.027
自然资本	林地面积	0.253	-0.816	0.038
	耕地面积	-0.689	0.124	0.077
	林地块数	0.877	0.036	-0.215***
物质资本	家庭耐用消费品	0.384	-0.082	0.054
	家庭住房价值	-0.272	0.121	-0.024

续表

类别	变量名称	用材林	经济林	竹林
金融资本	家庭存款数	-0.214	0.044	0.178
	家庭总收入	0.072	-0.223	0.188
	融资渠道	0.081	0.098***	0.092***
社会资本	能人数量	0.376	0.127	-0.086
	礼金支出	0.091	0.741	-0.035
	与邻居交往程度	-0.271	-0.032	0.091
	社会参与	0.082	0.027	0.013
控制变量	对林地未来的调整预期	0.155	0.038***	0.077***
	江西省	0.114	0.085	0.682**
	常数项	0.093	0.797	0.972
	Log likelihood	-94.34	-53.93	-33.54
	Prob>chi2	0.000	0.000	0.000
	样本量	294	134	85

注：*、**、***分别表示在 10%、5%、1%统计水平上显著。

7.4.3.3　农户林地利用规模效率的影响因素分析

本部分运用 Stata 14.0 统计软件，检验生计资本各要素对农户集体林地规模效率的影响结果，模型中 Prob>chi2 均为 0.000，通过显著性检验，模型整体拟合良好。

农户林地利用规模效率的影响因素，见表 7-16。在自然资本方面，林地面积对竹林的规模效率系数为正，且在 1%显著性水平下显著，说明适当提高竹林地的经营规模可以促进林地规模效率的提升。其余变量对不同林地经营类型效率影响并不显著。

表 7-16　农户林地利用规模效率的影响因素分析

类别	变量名称	用材林	经济林	竹林
人力资本	年龄	0.038	0.334	0.094
	户主健康状况	0.245	0.082	0.035
	受教育水平	0.024	0.061	0.041
	是否兼业	0.122	0.117	-0.132
	劳动力数量	-0.242	-0.312	0.145

续表

类别	变量名称	用材林	经济林	竹林
自然资本	林地面积	0.146	0.084	0.048***
	耕地面积	0.129	0.067	0.037
	林地块数	-0.055	-0.032	-0.032
物质资本	家庭耐用消费品	-0.144	0.235	0.019
	家庭住房价值	0.122	0.189	0.123
金融资本	家庭存款数	0.167	0.196	0.053
	家庭总收入	-0.089	-0.051	-0.049
	融资渠道	0.018	0.096	0.067
社会资本	能人数量	0.188	-0.022	0.013
	礼金支出	-0.073	0.018	0.027
	与邻居交往程度	0.212	0.024	0.056
	社会参与	0.004	0.073	0.011
控制变量	对林地未来的调整预期	0.364	0.070***	0.069***
	江西省	0.312	0.721	0.287*
	常数项	0.008	0.860	0.078
	Log likelihood	-98.63	-36.29	-29.65
	Prob>chi2	0.000	0.000	0.000
	样本量	294	134	85

注：*、**、*** 分别表示在 10%、5%、1%统计水平上显著。

7.5 本章小结

本章首先从理论上对生计资本影响农户林地利用效率的作用机理进行分析，然后运用三阶段 DEA 法对商品林经营农户的林地利用效率进行测算并分析差异，在此基础上运用 Tobit 模型定量分析生计资本水平、生计资本结构分别对农户林地利用综合技术效率、纯技术效率和规模效率的影响，并从生计资本视角进一步探究了不同林地经营类型效率差异的具体影响因素，主要研究结论如下。

①剔除环境因素和随机误差影响后，不同经营类型农户的林地利用纯技术效率有所提高，但规模效率下降，导致综合技术效率下降。不同商品林经营类型农户的纯技术效率普遍高于其规模效率。此外，农户林地经营的综合技术效率在不同的商品林经营类型中表现出较大的差异性。具体而言，经营用材林农户的综合效率为 0.204，几乎是经营经济林农户综合效率 0.121 的两倍，经营竹林农户的综合效率最低，为 0.096。

②生计资本水平影响农户的林地利用效率。五类生计资本水平对农户林地利用的综合技术效率均具有显著影响，其中人力资本、物质资本和社会资本显著影响用材林农户的综合技术效率，人力资本、自然资本和金融资本显著影响经济林农户的综合技术效率，人力资本、物质资本和金融资本显著影响竹林农户的综合技术效率。在生计资本水平对纯技术效率的影响方面，仅对经济林和竹林经营农户产生显著影响，其中自然资本和金融资本对经济林经营农户的纯技术效率产生显著影响，人力资本、自然资本和金融资本对竹林经营农户的纯技术效率产生显著影响。在生计资本水平对规模效率的影响方面，仅对竹林经营农户产生显著影响，且主要是自然资本的影响。

③生计资本结构影响农户的林地利用效率。生计资本结构对农户林地利用综合技术效率的影响主要是人力资本占优、自然资本占优和物质资本占优。其中，人力资本占优对用材林、经济林和竹林的综合技术效率都具有显著影响，自然资本占优对经济林经营农户的林地综合技术效率影响显著，物质资本占优对用材林经营农户的林地综合技术效率影响显著。生计资本结构对农户林地利用纯技术效率的影响主要是人力资本占优和社会资本占优，且都对用材林和经济林经营农户起显著作用。生计资本结构中的人力资本占优和物质资本占优仅对用材林经营农户的规模效率产生显著影响。

④生计资本各测量指标中，受教育水平和劳动力数量、林地块数和林地面积、家庭住房价值、融资渠道和能人数量指标对不同林地经营类型农户的经营效率产生显著影响。具体而言，经营用材林农户生产效率主要受劳动力数量、家庭住房价值、能人数量、对林地未来的调整预期等影响；经营经济林农户效率主要受劳动力数量、林地块数、融资渠道、对林地未来的调整预期等影响；经营竹林农户效率主要受农户受教育水平、劳动力数量、林地块数、林地面积、家庭住房价值、融资渠道、对林地未来的调整预期等影响。

第8章　生计资本对农户林业收入的影响

前面章节分析了生计资本对农户林地利用的影响，林地利用方式、集约度和效率的差异会直接影响农户的家庭林业收入，为此，本章研究生计资本对农户家庭林业收入的影响。农户林业收入既受宏观因素影响，也受微观因素影响，宏观因素如脆弱性背景和政策性因素的影响，微观因素如农户可持续生计资本的影响。由于在较短的时间内难以对宏观影响因素进行改变，因此本章着重从农户生计资本角度去研究微观因素对农户林业收入的影响。首先，将生计资本异质划分为生计资本总量、生计资本分维水平和生计资本结构三部分，分别研究其对农户林业收入的影响；其次，研究生计资本异质对不同林地利用方式农户林业收入的影响；最后，针对生计资本中对农户林业收入直接影响中的不显著资本要素，进行门槛效应检验，以更加深入地了解生计资本对农户林业收入影响的作用机制。

8.1　农户收入影响因素的理论分析

8.1.1　脆弱性背景冲击

自集体林权制度改革以来，集体林区的经济发展取得了较大的进步，农户收入在一定程度上得到了提高，但和城镇化及工业化进程相比，集体林区的经济发展仍然较为滞后。集体林区一般位于生态环境重要和脆弱地区，且多为贫困地区，农户生计问题较为突出，在林业生产经营过程中面临着脆弱性背景的冲击。脆弱性背景冲击对农户收入的影响主要有直接影响和间接影响，直接影响如风险冲击，又包括自然风险冲击和市场风险冲击，间接影响如机会缺失。

(1)自然风险冲击

风险是遭受损失的不确定性，农户面临的自然灾害等会直接导致农户收入水平的下降。对于集体林区农户而言，林地资源不仅对农户具有直接的收入效应，而且还能够通过影响农户的林业经营投入和林地流转行为影响农户收入。从林业生产特点看，由于林业生产的长周期性，农户对林地资源具有较大依赖性，但由于自然的不确定性，林业生产一直面临着较大的自然风险冲击，诸如气候条件变化、风灾、雪灾、火灾和森林病虫害等，尤其是火灾和森林病虫害对林业生产的危害最大。这种自然风险对林业的影响是直接的，由于林木的连片种植，即使是一部分区域内的林木遭受到这种风险，一定区域内的其他林木也会遭遇这种风险，即自然风险对林业影响具有区域性，风险一旦发生，就具有极大的影响范围。

(2)市场风险冲击

市场风险冲击主要是指由于林产品失衡导致的市场价格波动和价值实现困难，市场的不稳定性所带来的林业经营风险。从农户供给林产品角度出发，由于林区特殊的地理位置条件，使得林区道路交通不发达、信息不通畅，导致农户在林产品销售市场上常常处于弱势地位，往往只能被动接受林产品收购商或销售公司的压低价格，缺乏叫价和谈判能力。农户通过自销或销售公司销售等渠道，完全依靠市场的调节，面临较大的市场风险。从林产品的需求看，林产品需求方受到较多因素影响，这是市场自身决定的。随着生活水平的不断提高，人们更加青睐绿色无污染食品，林产品食品由于生长环境和条件的特殊性受到人们的欢迎，尤其是得到相关认证的林产品。需求增多的同时，行业内与行业间的竞争加剧，由于农户无法使林产品获得森林生态产品等相关认证，导致市场对林业资源配置的滞后性，林业生产经营组织变得更加困难，资金投入风险大。随着国家供给侧结构性改革的稳步推进，木材消费保持增长的态势，市场消费需求升级，但对于商品林经营农户而言，用材林的可采面积和蓄积较低，可利用森林资源较少，且生产的初级产品较多，深加工受到资金、技术、设备等影响制约，林业的经济效益低下，削减了农户收入。

(3)机会缺失

机会是外部介入提供给个人接近和获得诸如教育、就业、政策、补贴等资源的可能性和权利。集体林区由于其自身地理位置、外部经济发展环境、基础设施建设等限制，无法为农户提供良好的教育、技能培训、工作和信贷机会以及完善的医疗和养老等保障制度，造成农户发展机会的缺失，诸如疾病直接导致农户健康状况发生变化，造成农户生计中断，进而间接影响农户收入。对机会的把握，其实质是应对风险的态度，贫困农户一般多为低风险偏好群体，他们面对风险冲击往往会坚持采用他们认为是保险的但实际上比较落后的生产技术和行为，不冒险接受新事物、新技术，错失了可能改善农户收入的各种机会，导致农户更加厌恶风险，在林业投入及流转等行为方面会变得消极。机会缺失，一方面是发展机会的缺失，更重要的是农户对发展机会把握意识的缺失，在这种机会缺失和风险厌恶的恶性循环背景下，农户生计变得更加脆弱，极大地增加了林业增收难度。

8.1.2　可持续生计资本的影响

(1)人力资本的影响

内生增长理论揭示了人力资本对收入增长的作用机理，在完善的市场机制下，人力资本具有增收效应，人力资本的数量和质量对农户的增收起着重要作用。我国目前的林业生产仍处于劳动密集型阶段，家庭所拥有的劳动力数量决定了林业生产中的劳动投入，而劳动力的受教育水平、是否加入合作社和年龄等质量要素决定着农户在林业生产中的技术采纳和学习，以及劳动力外出就业状况。有实证研究表明，农户的健康状况、受教育水平、技能培训和工作经验等所体现出的人力资本对收入的增长具有显著作用，其作用机理主要是通过劳动性收入对农户的收入产生影响，但随着市场化改革和农村市场机制的日益完善，林业经济面临着以劳动力为代表的低成本优势丧失的严峻现实，传统的林业增长机制发生变化，单纯依靠增加林业劳动力数量难以带来明显的产业增值带动效应，应从劳动力质量入手推动人力资本与林业产业结构的深度融合，来实现林业经济的高质量发展。此外，人力资本也是影响农户收入差距的关键因素，基础教育体现出的人力资本对农户收入差距的影响是全面性的。原因在于，教育水平不同，农户在资金、劳动力投入以及流转等方面也表现出较大的不一致性，这成为农户收入差距的主要原因之一。

(2)自然资本的影响

林地作为集体林区农户的重要自然资本之一，是人类和诸多生物赖以生存和发展的基础，为人类提供了大量的林副产品，既是林业生产的重要基础，也是维护国家生态安全的重要屏障。集体林权制度改革后，农户的林地面积和数量得到了相应的增加，同时随着产权的稳定和相关配套政策的实施，林地流转活动增强，一个新的现实问题是，林地的细碎化水平也不断增强。林地细碎化表现为林地面积大小不一、林地块数多且比较分散的现象。林地细碎化直接影响农户的投入产出关系、资源配置和生产效率以及营林的积极性，已有研究表明，林地细碎化与投入之间并非简单的线性关系，随着地块面积的减少，劳动投入增加，物质费用先下降而后上升。正如第2章理论分析的那样，农户的林地投入行为可能会直接影响林地的经营效率，流转行为通过促进效率从低效率向高效率转移实现林业经营效率的提高。可见，自然资本中的林地细碎化会通过影响农户的投入以及经营效率，最终影响农户的长期经营收入。除此之外，农户所拥有的林地面积以及少量的耕地面积等自然资本要素，都会影响农户的长期经营收入。

(3)物质资本的影响

物质资本是农户家庭为维持正常生产、生活所依赖的基础生产工具、家庭耐用消费品、住房以及为生活提供便利的可利用公共基础设施等。物质资本是生计资本中其他资本实现积累的基础，无论是人力资本还是社会资本，都需要依赖一定的物质资本来实现积累，如在医疗、教育、卫生等方面投入的建筑设施以及购置图书、仪器、设备等资源，这些硬件资源即为物质资本，是人力资本积累的先决条件；再如道路的通畅、通信条件的改善等可以为人们的出行以及人与人之间交流沟通提供便利，进而为人们带来更好的社会关系网络，有助于人们社会资本的积累。目前，林业经济作为我国一种较为传统的产业经济，由于其他资本必须与物质资本相配合才能发挥最佳作用，如高素质的劳动者与高素质的物质资本结合会产生较高的生产效率，即人力资本和物质资本占优类型人群可以充分发挥资源优势和经济优势，同样，社会资本和物质资本占优类型人群在从事生产性活动时也能取得较大的经济增长和发展。因此，物质资本在其产业发展中仍占据着主导地位，同时也是影响农户收入增长的一个重要因素，一定的物质资本储备直接决定着农户的林业生产投资能力。一般而言，农户林业收入与所拥有的物质资本存量呈正相关关系，即随着农户拥有物质资本的增加，其收入也会得到提高。近年来，国家通过林业生态工程建设，投入了大量的人力、物力和财力，但由于这种扶贫方式的周期性较长，农民拥有的物质资本仍然较为匮乏，加之一些地区的森林资源因追求经济利益而导致的随意破坏，极大地影响了农户收入的提升效果。

(4)金融资本的影响

金融资本是农户所拥有的用于生产和消费的货币资金积累和流动，农户家庭储蓄水平及金融借贷状况作为金融资本的衡量指标，与农户联系最为直接和密切，在林业增收出现瓶颈时，要想保持农民收入的可持续增长，就需要尽可能多地获取金融资源，来提高金融资本量。王成利(2018)的研究表明，在控制个体变量和家庭变量后，金融资源对农户收入有极为显著的正向预测作用，金融资源越多的农户，家庭收入水平也越高，同时金融资源与其他资源存在交互作用，对于高社会资源的农户家庭而言，金融资源对其家庭收入的助推作用极其显著。农户所拥有的金融资本是一种广义的货币资本或资金，在对农户收入的影响研究中常见于农户贷款，又包括正规金融和非正规金融两方面。已有研究由于在金融资源和农户收入指标的选取上存在较大的差异，得到的结果也存在不一致性，主要有三种观点：第一种认为金融资本能够促进农户收入增长；第二种认为农户贷款对于农户收入具有负向作用，贷款数量和融资渠道的增多不利于农户收入的增长；第三种认为两者之间不存在显著的相关性，农户户均贷款对户均纯收入的增收作用有限，短期来看，金融发展会扩大农村内部的收入不平等，但长期来看会截然相反。

对于林业而言，贷款还有一种表现形式，就是林权抵押贷款，相对于关系型民间借贷，正规借贷更有利于提高农户的福利效应(周小刚等，2017)。林权抵押贷款作为正规借贷中一项重要的支农政策，从政策制定部门来看，其根本目的是解决农户“抵押难、担保难、贷款难”的问题，进而促进农民收入增长和林业增质增效；从微观农户角度来看，农户将林地使用权和林木所有权作为抵押品向银行等金融机构进行抵押获得贷款的实质是森林资源的变现(韩锋等，2012)，目的是获得流动资金，并将资金投入生产经营，以实现收入增长。收入效应属于林权抵押贷款效果评价中最为直观的个体绩效层级，农户能否增收是检验林权抵押贷款政策实施效果的重要标准之一。农户林权抵押贷款的收入效应是值得深入研究和思考的问题。有学者通过实证研究的方法，发现林权抵押贷款对农户生产性收入(谢玉梅等，2012)以及纯收入(王兆林，2018)具有显著促进作用，但对不同类型农户收入的影响作用存在差异。对低收入水平和纯农户家庭而言，林权抵押贷款的收入效应更为明显，而对于高收入水平和兼业户的家庭而言，收入效应不显著。(金银亮等，2017；魏建等，2018)

(5)社会资本的影响

社会资本的概念最先是由法国社会学家埃尔·布尔迪厄(1986)进行系统表述的，然而目前理论界对社会资本尚未有确切的界定，但被人们普遍接受和认可的概念特征包括社会关系资本化和社会关系资本化价值两方面。Riumalloher(2014)将社会资本划分为社会网络、信任和规范三个维度，Meng(2014)进一步将社会资本划分为结构型、关系型和认知型社会资本。社会资本对农户而言，可以促进个体间的相互协调和合作，增强相互信任程度，进而带来个体经济效益。社会资本具有社会和金融的双重属性，社会属性表现为宗族关系网络、同学、朋友、同事等提供的社会和经济保障，以及之间的信任和合作产生的精神支撑，经济属性表现为社会关系网络提供的信息及人际关系等带来的交易成本、支出的减少。由于社会资本直接影响农户的资源获取，如进行了较大的家庭社会资源投资，便可为家庭经营性收入、打工收入及财产性收入奠定较好的人情关系基础，进而增加农户家庭收入。刘倩(2017)认为，从长期来看，社会资本对造成收入差距和收入分层起着重要作用，其深层次的作用机制是通过社会资本投资对资源的优化配置。也有学者将社会资本划分为地域型社会资本和脱域型社会资本，地域型社会资本对农户收入差距的影响不显著，而脱域型社会资本更有利于农户收入的增加，可刺激农户收入差距的扩大。

此外，社会资本对于其他资本而言，具有较强的中介作用，具有地域性、结构性与功能性特征。有学者加深了社会资本对农户收入的作用机制，认为社会资本通过影响人力资本进而影响农户收入，如袁鹏举等(2014)对我国农民工的社会资本状况进行了分析与评估，发现人力资本和社会资本间存在内在逻辑关系，当人力资本较低时，农民工表现为强关系型社会资本，此时与组织型社会资本和制度型社会资本间几乎呈现为断裂关系；而当人力资本较高时，农民工的社会资本表现为弱关系型，此时与组织型社会资本间呈现良性互动的关系，但无论是弱关系型社会资本还是强关系型社会资本，均对制度型社会资本的影响较小，应从多方面对农民工制度型社会资本的构建进行关注。也有学者研究了社会资源在农户收入影响中的调节效应，即社会资源有助于促进金融资源对农户收入的提高，当农户社会资源较低时，家庭人均收入不受金融资源的影响(王成利，2018)，这充分说明社会资源丰富或善于投资社会资源的农户能够更加合理地利用金融资源，发挥金融资源对收入的助推作用。此外，社会资本在人力资本影响收入的过程中也起到调节作用。(Boxman et al.，1991)

8.1.3 政策性因素的影响

农户收入除了受到脆弱性背景冲击及生计资本影响外，还受到政策性因素的影响，如森林生态补偿制度、限额采伐制度、林业分类经营制度、天然林保护工程政策、退耕还林还草政策等。近年来，国家的惠农强农政策对农民的增收及农业的发展确实起到了积极的促进作用，但与大量的农业补贴政策相比，林农受补贴的范围较为狭窄，如退耕还林补贴仅为参与退耕还林的农户享有，另外，补贴的力度也较小，如公益林生态效益补偿等。为充分发挥林业的多重效益，按照森林主导利用目的的不同和森林提高产品和服务属性的不同，将森林划分为公益林和商品林，在生态区位重要地区发挥公益林的生态功能，在生态区位并不重要的地区充分发挥其商品林的经济功能。农户作为林业生产经营最直接的微观主体，随着集体林权制度改革的深入推进，拥有了对林地的经营权、承包权和林木的所有权，明晰了林地产权关系，提高了其营林造林的生产积极性，对改善农户收入和生计具有一定的促进作用。然而，集体林分类经营目前仍存在一些有待解决的问题，如公益林的比重较大，在一定程度上限制了林农对森林资源利用开发的权利；森林生态效益补偿制度不完善，主要是对管护支出的费用补偿，没有体现其对农民生计和发展空间的影响，且补偿标准调整不及时；商品林经营自主权放活不够，采伐限额制度不完善等，这些问题的存在直接影响着集体林区农户的林业生产及其收入。

林业产权制度主要依赖林权制度改革，关于集体林权制度改革促进了农户的收入研究也较多，主要认为集体林权制度改革通过赋权、权属证明核发、稳定承包期等提高了产权的稳定性和完整性，而林地产权的优化具有投资激励效应，同时又具有资源配置效应，进而提高了农户的林业收入。但林地产权直接作用于林地投资或林地流转决策的途径不同，产权异质性农户可能具有不同水平的林业长期经营收入。在当前我国集体林地投资水平过低以及劳动力市场存在明显缺陷的大背景下，林权制度改革中的税费减少、木材价格增长等因素对增加农户林业收入的影响较为明显。林业政策对异质性农户的家庭收入影响也存在着显著差异，如公益林禁止采伐，商品林采伐指标动态调整，导致经营公益林农户的收入预期远低于商品林经营农户，进而影响经营投资决策，导致林业收入差距加大。农户因受退耕还林政策或限额采伐政策影响，其作为政策的执行者，都会承担一定的机会成本，而目前的采伐制度及补偿制度并未考虑到农户所拥有生计资本异质性所导致的其放弃一定林业生产的损失差异，这会导致政策对不同农户收入产生不同的影响。由此可见，政策性因素也会加剧农户间收入的不平衡。

8.2　变量选取与模型构建

8.2.1　变量选取

为考察农户生计资本水平和结构异质对农户收入以及对不同类型农户林业收入的影响，将按照一定标准划分的生计资本类型设定为自变量，将农户的林业收入设定为因变量，相关变量选取说明如下。

①因变量。在考察农户生计资本对其收入的影响时，被解释变量为农户的林业收入，即农户经营用材林、经济林、竹林、林下经济等取得的一切收入，以及财产性收入、转移性收入和其他和林业经营相关的收入。财产性收入包括林地流转获得的收入，转移性收入包括各种林业补贴，如生态效益补偿、抚育补贴、种苗补贴、林业农机具补贴等。对于林业收入的统计口径，采用 7.2.1 节中产出指标与所属林地类型面积相乘得出能够反映调研年份前的不同林地利用方式农户的家庭林业收入状况。

②自变量。自变量包括 3 类：生计资本总值；生计资本分维水平值，即人力资本值、自然资本值、物质资本值、金融资本值和社会资本值；生计资本结构虚拟变量，依次为人力资本占优、自然资本占优、物质资本占优、金融资本占优和社会资本占优。

③其他控制变量。根据 8.1 节农户收入影响因素的理论分析可知，农户林业收入也受到微观因素的影响，如脆弱性背景和政策性因素的影响。为了更好地探究生计资本对农户收入的作用机制，选择区域经济发展水平、城镇化程度和林业相关政策性因素作为控制变量。不同区域的经济发展水平会影响农户收入，本书选择“家庭到乡镇距离”“林业雇工价格”以及“地区虚拟变量”作为区域经济发展水平的替代指标，其中“地区虚拟变量”以陕西省作为对参照，如江西省，则江西省=1，其他=0；城镇化程度在林农身上表现为就业行为，城镇化程度也影响着农户的收入，本书选择“就业行为”作为城镇化程度的替代变量，用家庭劳动力人均外出就业时间之比来表示；林业政策性因素对农户收入起到积极作用，因此本书选择“林权抵押贷款”“林业补贴”作为政策性因素的替代变量，其中“林业补贴”用林业补贴和经营面积之比表示。

8.2.2 模型构建

(1)多元线性回归模型

由于因变量家庭林业收入为连续变量，且不存在收入截断问题，因此采用多元线性回归的分析方法，其模型如下所示：

$$Y_i = \alpha_0 + \alpha_1 H + \alpha_2 N + \alpha_3 P + \alpha_4 F + \alpha_5 S + \alpha_6 C + \varepsilon_i \tag{8-1}$$

其中，Y_i 表示被解释变量农户家庭林业收入，H 表示人力资本，N 表示自然资本，P 表示物质资本，F 表示金融资本，S 表示社会资本，C 表示控制变量，ε_i 为随机向量，α_0 为常数项。需要说明的是，为缓解因家庭林业收入极端值的影响，本书在后续的回归分析中，以家庭林业收入的对数值作为被解释变量进行实证分析。

(2)门槛回归模型

拟采用生计资本与农户林业收入间存在的门槛值关系进行非线性检验，以说明农户通过生计资本增收的临界效应。模型如下：

$$y_{it} = \mu_i + \beta'_1 x_{it} + \varepsilon_{it}，\text{若 } q_{it} \leqslant \gamma \tag{8-2}$$

$$y_{it} = \mu_i + \beta'_2 x_{it} + \varepsilon_{it}，\text{若 } q_{it} \geqslant \gamma \tag{8-3}$$

式(8-2)和(8-3)中的 q_{it} 为门限变量，γ 为待估计的门限值，ε_{it} 服从独立分布，使用示性函数 $1(\cdot)$，也可以将上述两式写作：

$$y_{it} = \mu_i + \beta'_1 x_{it} \cdot 1(q_{it} \leqslant \gamma) + \beta'_2 x_{it} \cdot 1(q_{it} \geqslant \gamma) + \varepsilon_{it} \tag{8-4}$$

门槛变量的选择要尽可能避免带有趋势的绝对指标，选择相对指标更好一些。首选，对其进行显著性检验，其基本思路是将样本根据门槛值分为两类，判断在两个区间或多个区间中的回归系数是否相等，即 $\theta_1 = \theta_2$，若两者相等证明门槛效应实质上并不存在或者不显著，若不相等，则证明门槛效应是存在的，是可以进行门槛模型使用的。但是，该假设将导致门槛参数的无法识别，为此 Hansen(1999)通过"Bootstrap"法获取 Bootstrap P 值来进行门槛效应的假设检验，在对假设进行统计检验时，利用 LM 统计量构造似然比统计量，其公式为：

$$F_1 = \frac{S_0 - S_1(\gamma)}{\delta^2} \tag{8-5}$$

式(8-5)中，S_0为无门槛值下的残差平方和加总，S_1为存在门槛值下的残差平方和加总。

8.3 生计资本对农户林业收入直接影响的实证分析

8.3.1 农户生计资本状况及收入分布

8.3.1.1 生计资本水平与结构状况

由表 8-1 可知，从农户生计资本总值来看，平均值为 1.82，标准差为 0.21，最小生计资本值为 0. 28，最大生计资本值为 2. 51，最大值和最小值之间的差距是均值的 1. 2 倍以上，表明农户资本禀赋水平的分化较大。从生计资本分维水平测度结果来看，农户拥有的自然资本、金融资本和社会资本较低，均值为分别为 0. 27、0. 24 和 0. 28，但标准差较小，表明整体样本农户的自然资本、金融资本和社会资本差异较小，且都处于较低水平。农户拥有的人力资本均值较高，为 0. 59，标准差较小，这与当前林业生产主要以劳动投入为主和林区农户劳动力特征差异小的现实状况相符。

表 8-1　农户生计资本总量与分维水平测度结果

变量	均值	标准差	最小值	最大值
人力资本	0. 59	0. 18	0. 04	0. 63
自然资本	0. 27	0. 11	0. 02	1. 67
物质资本	0. 44	0. 21	0. 02	0. 75
金融资本	0. 24	0. 16	0. 04	0. 86
社会资本	0. 28	0. 14	0. 03	1. 22
总值	1. 82	0. 21	0. 28	2. 51

由表 8-2 可知，样本农户的生计资本总值平均水平较低，说明林区经济发展水平落后、农户的生计资源较少，生活质量不高。纯林户的生计资本值远高出总样本平均值，林业兼业户、兼业林业户和非林户的生计资本值与均值基本保持一致。兼业林业户与非农户的人力资本值相差不大，但兼业林业户的人力资本值比纯林户高出 0. 05。纯林户具有较高的自然资本值和物质资本值，但纯林户的金融资本和社会资本值相对于其他类型农户而言较低。相反，非林户的金融资本和社会资本值较高。

表 8-2　不同生计类型农户生计资本水平比较

资本类型	总样本	纯林户	林业兼业户	兼业林业户	非林户
人力资本	0. 59	0. 58	0. 59	0. 63	0. 62
自然资本	0. 27	0. 31	0. 28	0. 24	0. 22
物质资本	0. 44	0. 48	0. 47	0. 43	0. 42
金融资本	0. 24	0. 23	0. 23	0. 24	0. 27
社会资本	0. 28	0. 26	0. 27	0. 28	0. 31
总值	1. 82	1. 86	1. 84	1. 82	1. 84

由表 8-3 可知，纯林户中自然资本占优的农户占比最大，为 46 户，占比 28. 57%；其次是物质资本占优，为 41 户，占比 25. 46%，这与生计资本水平的结果较为一致，反映了纯农户的生产特点，即自然资本和物质资本较为丰厚。林业兼业户中，自然资本占优的农

户数为36户，占比27.27%；金融资本占优的农户数仅为11户，占比8.33%。兼业林业户和非林户中的人力资本占优均排第一位，分别为73户和54户，占比31.06%和42.85%，即非农户拥有较多的人力资本，有助于外出务工的实现。从横向来看，人力资本占优的农户类型主要为兼业林业户和非林户，自然资本占优的农户类型主要为纯林户，物质资本占优的农户类型主要为纯林户，金融资本占优的农户类型主要为兼业林业户，社会资本占优的农户类型也主要为兼业林业户，说明不同类型农户的生计资本结构之间也存在着较大差异，但在一定程度上受生计资本水平值的影响。

表 8-3 不同生计类型农户生计资本结构比较 （单位：户）

资本类型	总样本	纯林户	林业兼业户	兼业林业户	非林户
人力资本占优	192	33	32	73	54
自然资本占优	146	46	36	35	29
物质资本占优	97	41	23	32	1
金融资本占优	62	13	11	36	2
社会资本占优	157	28	30	59	40
合计	654	161	132	235	126

8.3.1.2 农户林业收入水平分布

农户的家庭总收入均值为92638元，林业收入均值为19223元，林业收入占家庭总收入的比例为20.7%。其中，用材林的平均收入为1923元，竹林的平均收入为6620元，经济林平均收入为380元，林下经济平均收入为6588元，涉林打工平均收入为1427元，财产性收入均值为100元，转移性收入均值为1512元，其他收入均值为683元。由表8-4可知，就农户总收入而言，兼业林业户的总收入(102231元)>非林户的总收入(94760元)>林业兼业户的总收入(91042元)>纯林户的总收入(82519元)。不同农户类型的林业收入分别为：纯林户76697元，林业兼业户72552元，兼业林业户34937元，非林户6479元。

表 8-4 不同类型农户林业收入分布

农户类型	样本量	农户总收入(元)	林业收入(元)
纯林户	161	82519	76697
林业兼业户	132	91042	72552
兼业林业户	235	102231	34937
非林户	126	94760	6479

为了对农户的林业收入有一个清晰的认识，下面对不同经营规模农户林业收入以及不同规模下林业收入结构进行对比分析，具体见表 8-5。农户林地规模在 50 亩以下的农户收入来源主要是竹林和林下经济，分别占比为 29.78%和 33.23%；林地面积在 50~100 亩的农户收入来源与 50 亩以下农户相似；林地面积在 100~500 亩的农户收入来源包括用材林、竹林和林下经济收入，表明用材林对林地面积有一定的要求；林地面积在 500~1000 亩的农户收入主要来源于用材林和竹林，分别占比为 40.5%和 42%，经济林也产生有一定的收入，但比例相对较低；林地面积在 1000 亩以上农户的收入主要来源于林下经济，其次是竹林，最后是用材林，林地面积在 1000 亩以上规模的农户中没有发展经济林的农户。

表 8-5　不同类型农户林业收入分布　（单位：元）

不同林地经营规模	林业收入	用材林收入	经济林收入	竹林收入	林下经济收入
50 亩以下	5432	100	444	1618	1805
50~100 亩	13541	0	303	3637	6443
100~500 亩	24516	2099	169	8885	8541
500~1000 亩	121418	49174	3643	50996	231
1000 亩以上	512482	24753	0	138524	198177

为了考察农户资本禀赋的强弱情况，将农户划分为强资本型和弱资本型农户，具体划分方法是农户的资本禀赋大于资本禀赋均值的为强资本型，小于均值的为弱资本型。（张童朝等，2017）对于本书而言，人力资本值大于 0.59 的为强人力资本型，自然资本值大于 0.27 的为强自然资本型，物质资本值大于 0.44 的为强物质资本型，金融资本值大于 0.24 的为强金融资本型，社会资本值大于 0.28 的为强社会资本型，生计资本总值大于 1.82 的为强生计资本型。由表 8-5 可知，相较于弱资本型农户而言，强资本型农户的家庭总人均收入大于弱资本型农户，高出 0.34 万元，目前林区农户以弱资本型为主，占比为 58.56%，表明林区多数农户的生计资本均处于较低水平。从生计资本分维水平来看，弱金融资本型与弱自然资本型农户占比最大，分别为 70.03%和 68.96%，强自然资本型和强金融资本型农户类型占比最小，分别为 31.04%和 29.97%，人力资本、自然资本、物质资本、金融资本较强农户的家庭总人均收入均显著高于处于弱资本型的农户家庭，而强社会资本型和弱社会资本型农户的家庭总人均收入相差极小，分别为 2.92 万元和 2.95 万元。以上数据从描述性统计上表明，强资本型农户能够显著提高家庭总人均收入，即资本能够促进农户增收，农户拥有的资本禀赋差异会导致家庭收入的分布差异。

表 8-6 农户生计资本分维水平及收入分布

	数量	占比(%)	家庭总人均收入(万元)
强资本型	271	41.44	3.13
弱资本型	383	58.56	2.79
强人力资本型	290	44.34	3.13
弱人力资本型	364	55.66	2.78
强自然资本型	203	31.04	3.17
弱自然资本型	451	68.96	2.82
强物质资本型	261	39.91	3.06
弱物质资本型	393	60.09	2.85
强金融资本型	196	29.97	3.45
弱金融资本型	458	70.03	2.72
强社会资本型	257	39.30	2.92
弱社会资本型	397	60.70	2.95
总样本	654		2.94

8.3.2 生计资本水平与结构对农户家庭林业收入的影响分析

本部分从生计资本总量水平、分维水平和生计资本结构三方面异质分别研究对农户林业收入的影响，以全面考察农户生计资本对其收入的影响。在进行回归分析前，对重要变量进行相关性分析，结果见表 8-7，生计资本变量中各相关系数不显著，说明变量间不存在多重共线性，同时生计资本变量与农户林业收入有显著相关性，表明适合做线性回归，其回归结果见表 8-8 中模型①、模型②和模型③。

表 8-7 变量间的相关系数矩阵

变量名称	人力资本	自然资本	物质资本	金融资本	社会资本	林业收入
人力资本	1					
自然资本	0.025	1				
物质资本	-0.002	0.036	1			
金融资本	0.125	0.005	-0.017	1		
社会资本	0.037	0.089	0.071	0.058	1	
林业收入	0.030	0.116***	0.012	0.248***	0.008	1

注：*、**、*** 分别表示在 10%、5%、1%统计水平上显著。

表 8-8　生计资本水平与结构异质性对农户林业收入的影响分析

类别	变量	模型①	模型②	模型③
总量	总资本	1. 879*** (0. 455)		
分维水平	人力资本		-0. 362 (1. 093)	
	自然资本		2. 429*** (0. 821)	
	物质资本		-0. 493 (1. 669)	
	金融资本		9. 030*** (1. 199)	
	社会资本		-0. 988 (0. 969)	
资本结构	人力资本占优			0. 231* (0. 134)
	自然资本占优			0. 329 (0. 207)
	物质资本占优			0. 191 (0. 194)
	金融资本占优			0. 738*** (0. 209)
	社会资本占优			-0. 191 (0. 198)
控制变量	家庭到乡镇距离	-0. 045 (0. 033)	-0. 052 (0. 047)	-0. 153 (0. 142)
	林业雇工价格	0. 789 (0. 566)	-0. 339* (0. 187)	0. 190 (0. 143)
	江西省	3. 414 (3. 113)	2. 103 (5. 963)	2. 157** (1. 067)
	就业行为	0. 037** (0. 016)	0. 032*** (0. 011)	0. 034 (0. 031)

续表

类别	变量	模型①	模型②	模型③
控制变量	林权抵押贷款	0.064** (0.031)	0.078 (0.067)	0.050* (0.028)
	林业补贴	0.016 (0.033)	0.015 (0.023)	0.025 (0.021)
	常数	1.903** (0.804)	1.966** (0.798)	2.737*** (0.760)
	F	4.50	7.98	2.66
	Prob>F	0.000	0.000	0.000
	R^2	0.336	0.103	0.358
	N	654	654	654

注：*、**、*** 分别表示在 10%、5%、1%统计水平上显著。

(1)总量异质性影响

在生计资本总量对林业收入影响的回归结果中，生计资本总值在 1%水平上表现出了显著正相关性，即农户资本禀赋越丰富，越有助于改善家庭的生计状况，对提高林业收入具有明显作用。

(2)分维水平异质性影响

从分维水平来看，自然资本和金融资本均在 1%水平上与家庭林业收入显著正相关，从前文第 5 章生计资本对农户林地投资行为的影响中可知，金融资本对农户是否投入以及投入规模都具有正向促进作用，农户加大了对林地的投入，因此金融资本促进了农户林业收入的提高。从前文第 5 章中的实证结果可知，自然资本对是否投入和投入规模均具有负向影响，以及林地面积越大，可以发挥规模经济，导致单位林地面积经营投入量会减少，从前文第 6 章中的实证结果可知，林地面积对农户是否转入林地及林地转入规模具有正向影响，说明农户家庭拥有的林地面积越大时，越会转入林地，通过增加林地面积而获取规模经济效益，投入虽然减少，但流转情况发生，主要发挥规模经济效益，因此自然资本促进了农户林业收入的提高。

(3)结构异质性影响

实证结果显示，人力资本占优和金融资本占优通过了显著性检验，表明不同资本结构对农户林业收入具有显著影响效应。在目前林业生产以劳动力为主要生产要素投入的现状下，加之其属性的特殊性，可替代性较差，因此人力资本占优有助于提升农户的收入效应。由于金融资本的要素可替代性较强，农户开展林业生产活动所需要的其他资本的合理配置结构能够较容易得到满足，因此社会资本占优类型农户显著影响了农户家庭林业收入。虽然结果表明，家庭林业收入对于人力资本和金融资本具有较强的依赖性，正如表 8-6 描述性统计中分析的那样，虽然其他资本不显著，但不可否认，其他资本对家庭林业收入起到其他间接作用。

8.3.3　生计资本对不同林地利用方式农户家庭林业收入的影响分析

8.3.3.1　生计资本水平对不同林地利用方式农户林业收入的影响

本部分从生计资本总量水平和分维水平两方面异质研究不同林地利用方式对农户林业收入的影响，结果见表 8-9 和表 8-10。

表 8-9　生计资本总量对不同林地利用方式农户林业收入的影响

类别	变量	用材林	经济林	竹林	林下经济
总量	总资本	2.381** (1.033)	2.672* (1.558)	0.039 (0.917)	2.489*** (0.684)
控制变量	家庭到乡镇距离	-0.041 (0.056)	-0.034 (0.029)	-0.123 (0.116)	-0.138 (0.167)
	林业雇工价格	-0.628** (0.317)	0.732* (0.416)	0.553 (0.498)	-0.496 (0.552)
	江西省	2.234 (1.987)	2.157 (3.655)	2.056 (2.112)	-2.138 (3.227)
	就业行为	0.028 (0.321)	-0.087* (0.047)	0.089 (0.125)	0.061*** (0.022)
	林权抵押贷款	0.057*** (0.018)	0.054** (0.023)	0.017 (0.224)	0.048 (0.472)
	林业补贴	0.014 (0.112)	0.024 (0.232)	0.063 (0.135)	0.011*** (0.002)
	常数	3.303* (1.714)	0.891 (2.326)	1.524 (1.394)	3.499** (1.636)
	F	3.28	3.04	3.37	4.25
	Prob>F	0.000	0.000	0.000	0.000
	R^2	0.125	0.046	0.011	0.072
	N	294	134	85	141

注：*、**、***分别表示在 10%、5%、1%统计水平上显著。

表 8-10 生计资本水平对不同林地利用方式农户林业收入的影响

类别	变量	用材林	经济林	竹林	林下经济
分维水平	人力资本	1.409 (2.350)	0.654 (3.046)	2.181 (2.276)	-1.777 (1.638)
	自然资本	9.105*** (2.095)	0.146 (3.250)	0.699 (1.803)	1.822 (1.107)
	物质资本	-4.879 (3.887)	-2.182 (2.765)	-0.429 (3.669)	2.328 (3.206)
	金融资本	8.047 (5.085)	2.548*** (0.482)	0.915 (3.156)	9.029*** (1.501)
	社会资本	-0.342 (1.829)	-3.625 (3.403)	-1.694 (1.492)	0.379 (1.897)
控制变量	家庭到乡镇距离	-0.054 (0.038)	-0.032 (0.029)	-0.016 (0.031)	-0.302 (0.299)
	林业雇工价格	1.684 (1.452)	0.613 (0.744)	1.373** (0.669)	0.892 (0.782)
	江西省	5.970 (4.337)	4.321 (3.864)	3.852*** (1.393)	-3.148 (2.998)
	就业行为	0.028 (0.072)	0.092 (0.086)	0.053 (0.047)	0.057* (0.031)
	林权抵押贷款	0.021** (0.009)	0.016* (0.008)	0.145 (0.094)	0.053 (0.063)
	林业补贴	0.064 (0.057)	0.023** (0.008)	0.031 (0.049)	0.013*** (0.004)
	常数	2.549 (1.713)	1.728 (2.118)	0.978 (1.488)	3.245* (1.652)
	F	3.08	4.25	0.52	5.36
	Prob>F	0.000	0.000	0.000	0.000
	R^2	0.267	0.271	0.255	0.152
	N	294	134	85	141

注：*、**、***分别表示在10%、5%、1%统计水平上显著。

生计资本总值对用材林经营农户收入影响在5%水平上显著正相关，对经济林经营农户收入影响在 10%水平上显著正相关，而对竹林经营农户的收入影响不显著。由于农户通过林地的生产投入以及林地的流转等行为，直接影响了林地经营效率，间接影响了农户的林地经营收入，表明生计资本对竹林经营农户收入影响的直接作用不显著。从第 7 章实证结果可知，生计资本影响竹林经营农户的生产效率，因此对于竹林经营农户而言，存在生产效率对其收入的直接影响，生计资本在此过程中通过生产效率间接影响农户收入的可能性。生计资本总值对林下经济经营农户林业收入影响的回归系数在 1%水平上显著正相关，即农户资本禀赋越丰富，越有助于改善以公益林为主的农户家庭的生计状况，对提高收入具有明显作用。

从生计资本分维水平来看，自然资本对用材林经营农户的林业收入在 1%水平上显著正相关，表明用材林经营农户家庭林业收入对自然资本的依赖性比较强。对于用材林经营农户而言，受到政策的影响，所拥有的木材开采量即自然资本存量，直接影响着其林业经营活动的开展，如自然资本较丰富，林业生产周期长，可以进行采伐周期循环的缩短，采伐指标相对富裕。金融资本对经济林经营农户和林下经济经营农户的林业收入均在 1%水平上显著正相关，表明经济林和林下经济经营农户家庭林业收入对金融资本的依赖性比较强。经济林和林下经济的生产周期较短，能够短期内获利，且需要进行加工，对资金的周转及需求量较大。此外，金融资本水平较高的情况下，农户有可能通过追加农药、化肥等物质投入来稳定或者提高产量，以增加林业收入，金融资源在其中扮演着重要角色。

8.3.3.2　生计资本结构对不同林地利用方式农户林业收入的影响

生计资本结构对不同类型农户林业收入的影响，见表 8-11。

表 8-11　生计资本结构对不同类型农户林业收入的影响

类别	变量	用材林	经济林	竹林	林下经济
资本结构	人力资本占优	0.632 (0.409)	0.392 (0.519)	0.821** (0.353)	−0.295 (0.312)
	自然资本占优	1.599*** (0.425)	−0.055 (0.538)	−0.129 (0.431)	0.335 (0.327)
	物质资本占优	−0.485 (0.406)	−0.293 (0.506)	0.187 (0.362)	0.628** (0.316)
	金融资本占优	0.339 (0.506)	1.603** (0.639)	−0.339 (0.421)	1.279*** (0.317)
	社会资本占优	0.103 (0.437)	0.656 (0.531)	−0.459 (0.403)	−0.048 (0.317)

续表

类别	变量	用材林	经济林	竹林	林下经济
控制变量	家庭到乡镇距离	-0.083 (0.056)	-0.045 (0.041)	-0.063 (0.056)	-0.047 (0.038)
	林业雇工价格	0.647 (0.587)	0.815 (0.672)	-0.163 (0.134)	0.309 (0.326)
	江西省	5.083 (4.334)	4.045 (3.275)	4.405* (2.585)	-3.813 (2.946)
	就业行为	0.012 (0.086)	0.011 (0.008)	0.008 (0.006)	0.007 (0.004)
	林权抵押贷款	0.116 (0.108)	0.059 (0.047)	0.096 (0.088)	0.053*** (0.016)
	林业补贴	0.066 (0.052)	0.119 (0.115)	0.045 (0.038)	0.005 (0.007)
	常数	5.351*** (1.412)	3.292 (2.235)	1.004 (1.359)	4.414** (1.634)
	F	2.83	4.22	3.98	3.09
	Prob>F	0.000	0.000	0.000	0.000
	R^2	0.251	0.092	0.051	0.094
	N	294	134	85	141

注：*、**、***分别表示在10%、5%、1%统计水平上显著。

从生计资本结构来看，人力资本占优、自然资本占优和金融资本占优类型的生计资本显著影响着经营商品林农户的家庭林业经营收入。其中，自然资本占优在1%水平上显著正向影响用材林经营农户收入，人力资本占优在5%水平上显著正向影响竹林经营农户收入，金融资本占优在5%水平上显著正向影响经济林经营农户收入，用材林和经济林在生计资本结构和生计资本分维水平对农户收入的影响基本一致，其原因不再详细赘述。

竹林生产农户家庭收入的影响从生计资本角度表现出较大的不一致性，生计资本总量和生计资本分维水平对竹林经营农户的收入影响不显著，而人力资本占优对竹林经营农户的收入具有显著正向影响，即人力资本增多时，可通过提高竹林生产效率来提高农户收入。这是因为女性劳动力参与林业生产比较普遍，相较于用材林和经济林而言，竹林对劳动参与者的体力要求有所降低，竹林生产中的女性劳动力比例较高，女性劳动力参与竹林经营可以在一定范围内提高竹林生产效率(朱烨等，2018)，因此人力资本占优对竹林生产农户家庭的收入提高具有积极的促进作用。物质资本占优和金融资本占优对林下经济经营农户而言，通过了显著性检验，表明林下经济农户的家庭林业收入增长对物质资本和金融资本具有较强的依赖性。

8.4　生计资本间接影响农户林业收入的门槛效应检验

本部分分别就生计资本各维度进行门槛回归(此部分利用软件 stata 16.0 进行)，其中，人力资本作为门槛变量的 LM 值及 Bootstrap P 值分别为 23.838 和 0.006；社会资本作为门槛变量的 LM 值及 Bootstrap P 值分别为 18.895 和 0.064。前者在 1%的显著性水平下拒绝原假设，后者在 10%的显著性水平下拒绝原假设，即人力资本和社会资本都可能是影响林区农户家庭收入的门槛变量。由于人力资本和社会资本与农户家庭收入可能存在一定的内生性，但采用的指标为熵权法测算的综合指数，能够避免这种内生性。(刘彬彬等，2014)

图 8-1 为人力资本作为门槛变量的门槛效应检验图，表 8-12 为人力资本作为门槛变量的回归结果。以人力资本为门槛变量时，结果表明，人力资本与林区农户收入之间存在非线性关系，当人力资本低于门槛值 0.521 时，人力资本对林区农户收入的作用并不显著，当人力资本高于门槛值 0.521 时，人力资本对林区农户收入具有显著的正向影响；此外，当人力资本高于门槛值 0.521 时，自然资本能够显著增加集体林区农户收入；而无论人力资本处于何值，金融资本均对林区农户收入具有显著的正向影响。由此可见，高人力资本配合自然资本有利于规模经营，对农户收入发挥更为显著的作用。

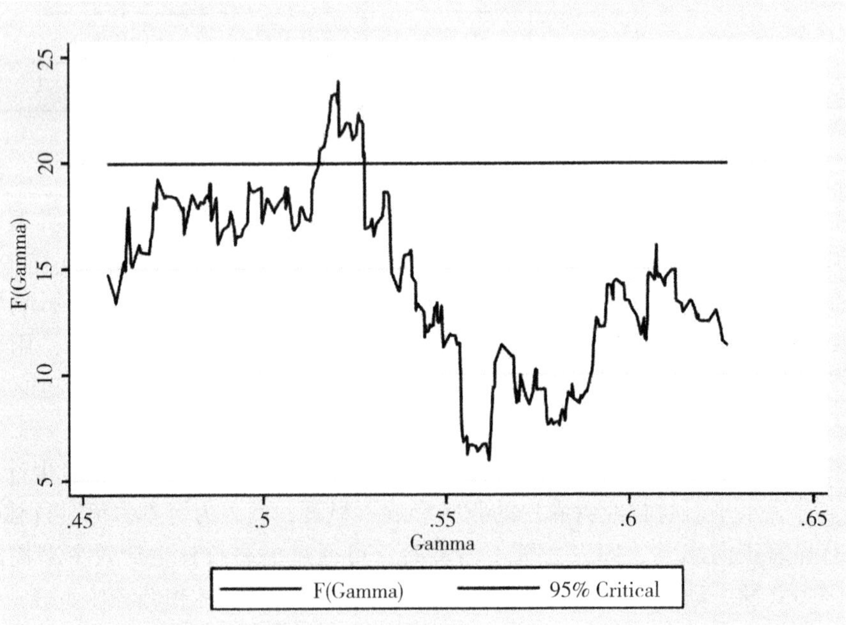

图 8-1　门槛变量人力资本

表 8-12 人力资本作为门槛变量的门槛检验

	人力资本≤0.521		人力资本>0.521	
	系数	标准误	系数	标准误
常数项	1.318	0.978	2.855**	1.287
人力资本	1.179	3.253	4.374***	1.496
自然资本	2.245	1.412	2.765**	1.105
物质资本	3.636	2.184	0.721	1.694
金融资本	1.893***	0.491	5.566***	2.117
社会资本	0.371	0.985	1.735	1.331
N	277		377	
R^2	0.255		0.282	

图 8-2 为社会资本作为门槛变量的门槛效应检验图，表 8-13 为社会资本作为门槛变量的回归结果。以社会资本为门槛变量时，结果表明，当社会资本低于门槛值 0.188 时，金融资本对增加林区农户收入效果不显著，当社会资本高于门槛值 0.188 时，金融资本能够显著增加林区农户收入。原因在于，高社会资本的家庭，农户通过对信息的交流与分享来降低交易成本，促使相互合作，并善于与金融机构打交道，在掌握大量金融资源后可显著提高其家庭收入。

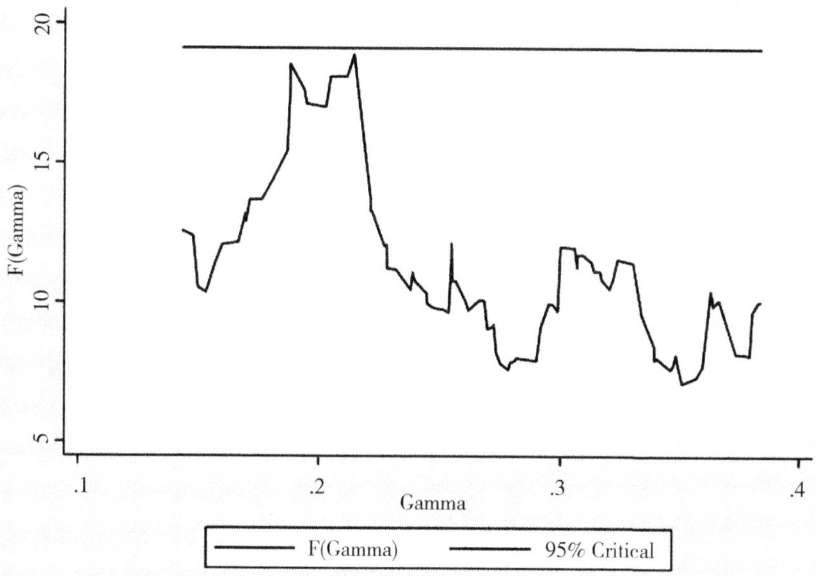

图 8-2 门槛变量社会资本

表 8-13　社会资本作为门槛变量的门槛检验

	社会资本≤0.188		社会资本>0.188	
	系数	标准误	系数	标准误
常数项	0.974	1.289	2.595***	0.932
人力资本	2.951	1.948	1.772	1.552
自然资本	0.707	1.231	2.748	1.416
物质资本	0.114	1.446	0.611	2.105
金融资本	1.241	4.103	10.364***	2.751
社会资本	0.252	0.168	0.121	0.125
N	200		454	
R^2	0.236		0.164	

8.5　本章小结

本章首先提出了农户家庭增收的分析思路，指出农户所拥有的生计资本是影响农户增收的关键因素，构建农户生计资本与收入影响的实证模型，从生计资本总量、生计资本分维水平和生计资本结构异质三方面去研究其对农户家庭林业收入的影响，并针对人力资本和社会资本进行了门槛效应检验，以更加深入地了解生计资本对农户收入影响的作用机制，得出以下结论。

①林区一般位于生态环境重要和脆弱地区，且多为贫困地区，农户生计问题较为突出，在林业生产经营过程中面临着脆弱性背景的冲击。脆弱性背景冲击对农户收入的影响主要有直接影响和间接影响，直接影响的风险冲击包括自然风险冲击和市场风险冲击，而机会缺失会带来间接影响。可持续生计资本是影响农户增收的关键因素，农户收入除了受到脆弱性背景冲击及生计资本影响外，还受到政策性因素的影响，如森林生态补偿制度、限额采伐制度、林业分类经营制度、天然林保护工程政策、退耕还林还草政策等。

②生计资本对农户林业收入具有直接影响，农户林业收入受到生计资本分维水平及结构的制约。农户资本禀赋越丰富，越有助于改善家庭的生计状况，对提高林业收入具有明显作用，其中自然资本和金融资本正向影响农户家庭林业收入，对收入增长具有促进作用，在结构分析中，人力资本占优和金融资本占优通过了显著性检验，表明不同资本结构对农户家庭林业收入具有显著影响效应。此外，不同林地利用方式农户收入影响分析中，对于用材林经营农户而言，自然资本及自然资本占优的农户家庭对其林业收入的影响显著；对于经济林经营农户而言，金融资本及金融资本占优显著正向影响农户林业收入；对于竹林经营农户而言，仅人力资本占优显著正向影响农户家庭林业收入；对于林下经济经营农户而言，金融资本以及金融资本占优和物质资本占优通过了显著性检验，正向影响农户家庭林业收入。

③人力资本和社会资本与收入之间存在非线性关系。当人力资本低于门槛值 0. 521 时，人力资本对林区农户林业收入的作用并不显著，当人力资本高于门槛值 0. 521 时，人力资本对林区农户林业收入具有显著的正向影响；此外，当人力资本高于门槛值 0. 521 时，自然资本能够显著增加林区农户林业收入；而无论人力资本处于何值，金融资本均对林区农户林业收入具有显著的正向影响。当社会资本低于门槛值 0. 188 时，金融资本对增加林区农户林业收入效果不显著，当社会资本高于门槛值 0. 188 时，金融资本能够显著增加林区农户林业收入。

第 9 章 研究结论、政策建议及展望

9.1 研究结论

本书以山区林业经营农户为研究对象，在对国内外相关文献进行梳理的基础上，依据农户行为理论、生计资本理论、要素禀赋理论、规模经营理论等，打破将林区农户作为同质整体的传统假设，构建了生计资本影响农户林地利用及收入的理论分析框架，基于陕西、江西两省 654 户农户调研数据进行现状分析和实证研究，在非农化进程下从生计资本水平与结构的双重视角深入探讨了生计资本对农户林地利用方式、利用集约度、利用效率以及对农户林业收入的影响问题。本书主要研究结论如下。

9.1.1 农户林地利用现状及问题

①集体林业在第二、三产业的产值比重较大，对于农民致富具有较好的带动作用，但我国各省份的林地面积不等，其对应的林业产业发展也必然不一样，加之国家的生态战略布局，如京津风沙源治理、三北防护林体系建设以及退耕还林政策的实施等，也将带来不同生态区位林地面积的变化。

②当前林业生产领域，户主年龄集中在 40~60 岁，多为中年人。集体林区农户受教育水平不高，学历主要集中在初中及以下。当前林业生产劳动力数量多以 2 人及以下为主，农户经营林地规模分布较为均匀，涵盖了大、中、小各类规模，但家庭收入不高，多集中于 3 万~5 万元。农户兼业方面，调查样本中 56.12%的农户都进行了林业兼业生产，仅 43.88%的农户没有进行林业兼业生产。

③样本农户林地利用中存在的问题主要表现在人均林地数量少、产出低、农户林地利用集约水平不高、林地利用效率有待提升等方面。

9.1.2 农户生计资本特征及评价

①选取年龄、户主健康状况、受教育水平、是否兼业、劳动力数量、林地面积、耕地面积、林地块数、家庭耐用消费品、家庭住房价值、家庭存款数、家庭总收入、融资渠道、能人数量、礼金支出、与邻居交往程度和社会参与共计 17 个指标来衡量农户的生计资本。

②采用熵值法确定农户的生计资本指标权重，权重较大的指标主要有林地面积(0.106)、家庭总收入(0.104)和社会参与(0.083)，表明不同农户之间的收入差距较大，农户家庭拥有的林地面积以及社会参与情况差别也较大。权重最小的指标为户主健康状况

(0.021)，表明在农户人力资本中健康方面相互之间差异不大。

③生计资本总体特征方面，陕西省的人力资本、物质资本、金融资本、社会资本值略低于江西省，而自然资本值略高于江西省，说明不同省份的农户在不同类型的生计资本上存在差异。公益林经营农户生计资本总值为1.76，商品林经营农户生计资本总值为1.80，商品林经营农户生计资本总值大于公益林经营农户生计资本总值。目前，林区农户以弱资本型为主，占比为58.56%，表明林区多数农户的生计资本均处于较低水平。从生计资本分维水平来看，弱金融资本型与弱自然资本型农户占比最大，分别为70.03%和68.96%，强自然资本型和强金融资本型农户类型占比最小，分别为31.04%和29.97%。

④依据林业收入占家庭整体收入的比例将农户类型划分为纯林业户、林业兼业户、兼业林业户和非林业户4类。不同类型农户生计资本在水平和结构上存在较大差异，生计资本结构差异与农户的生计类型特征相关，在一定程度上受生计资本水平值的影响，且这种差异将会影响农户的林地利用及其收入。

9.1.3 生计资本对林地利用方式的影响

①大部分纯林户的林地利用方式都是选择用材林经营，纯林户在经济林和竹林的利用方式上比例差不多，对林下经济的利用方式比例最小。不同类型农户林地利用方式下的生计资本差别较大。具体而言，大部分纯林户拥有较多的人力资本和物质资本。从林业兼业户来看，林下经济方式下的人力资本和社会资本较少，用材林和竹林方面的人力资本较多。从兼业林业户来看，用材林方式下的物质资本较少，经济林方式下的自然资本较多。相对而言，非林户社会资本较为充足。

②在资本禀赋水平上，人力资本水平、自然资本水平和金融资本水平对农户的林地利用方式选择具有较大程度的影响。人力资本越大，农户越不愿意经营经济林，但倾向于经营竹林；自然资本越大，农户越可能选择经济林和竹林的林地利用方式；金融资本越大，越不可能选择除用材林之外的林地利用方式。在资本禀赋结构上，人力资本占优和社会资本占优在林地利用方式的影响上具有显著性，即不同生计资本结构对农户的林地利用方式存在显著影响效应。

③生计资本异质性对不同类型农户的林地利用方式影响也存在差异性。人力资本、金融资本水平及人力资本占优显著影响纯林户林地利用方式；人力、自然、金融三者的资本水平和资本结构均显著影响林业兼业户的林地利用方式；人力、自然、金融资本水平显著影响兼业林业户的林地利用方式，生计资本结构对其影响不显著；社会资本占优仅对非林户的林地利用方式产生显著影响。

9.1.4 生计资本对林地利用集约度的影响

①目前农户的林地经营劳动集约度均大于资本集约度，表明目前我国的林地经营仍在劳动集约经营阶段。从农户类型来看，兼业户的劳动集约度和资本集约度均最大，其中林业兼业户的劳动集约度最大，为0.492，兼业林业户的资本集约度最大，为0.454，其次是纯林户，非林户的资本集约度和劳动集约度均最小。虽然资本集约度和劳动集约度在不同类型农户间具有一定的差异，但两者的差距并不是太大，如对于林业兼业户而言，资本

集约和劳动集约的差距为0.009，这也得益于集体林权制度改革对农户营林积极性的提高，但整体上集体林权制度改革后，林业经营并未从劳动集约向资本集约转化，可能是由资本的异质性导致劳动和资本的互补效应和替代效应以及林业社会化服务体系的不完善造成的。

②生计资本水平和结构影响农户的林地利用集约度。生计资本水平中对农户林地利用资本集约度影响显著的资本类型有人力资本、自然资本、金融资本、社会资本，其影响方向为人力资本的负向影响、自然资本的负向影响、金融资本的正向影响和社会资本的正向影响。生计资本水平对农户林地利用劳动集约度影响显著的资本类型有人力资本、自然资本、物质资本、金融资本和社会资本，其影响方向为人力资本的正向影响、自然资本的负向影响、物质资本的正向影响、金融资本的正向影响和社会资本的正向影响。在生计资本结构中，人力资本占优、自然资本占优和金融资本占优三个变量通过了显著性检验，人力资本占优和自然资本占优与资本集约度和劳动集约度显著负相关，金融资本占优与资本集约度显著正相关。

③生计资本对不同类型农户林地利用集约度的影响程度变化规律具有较大的差异，虽然有些生计资本值对农户的林地利用集约度没有表现出显著性，但其对林地利用集约度的影响程度却具有显著的变化规律。虽然生计资本值对农户的林地利用集约度具有不显著的正向影响作用，但从影响程度规律上看，也存在着在某分位点区间具有显著的负向影响作用现象。

9.1.5　生计资本对林地利用效率的影响

①剔除环境因素和随机误差影响后，不同经营类型农户的林地利用纯技术效率有所提高，但规模效率下降，导致综合技术效率下降。不同商品林经营类型农户的纯技术效率都普遍高于其规模效率。此外，农户林地经营的综合技术效率在不同的商品林经营类型中表现出较大的差异性。具体而言，经营用材林农户的综合效率为0.204，几乎是经营经济林农户综合效率0.121的2倍，经营竹林农户的综合效率最低，为0.096。

②生计资本水平影响农户的林地利用效率。五类生计资本水平对农户林地利用的综合技术效率均具有显著影响，其中人力资本、物质资本和社会资本显著影响用材林农户的综合技术效率，人力资本、自然资本和金融资本显著影响经济林农户的综合技术效率，人力资本、物质资本和金融资本显著影响竹林农户的综合技术效率。在生计资本水平对纯技术效率的影响方面，仅对经济林和竹林经营农户产生显著影响，其中自然资本和金融资本对经济林经营农户的纯技术效率产生显著影响，人力资本、自然资本和金融资本对竹林经营农户的纯技术效率产生显著影响。在生计资本水平对规模效率的影响方面，仅对竹林经营农户产生显著影响，且主要是自然资本的影响。

③生计资本结构影响农户的林地利用效率。生计资本结构对农户林地利用综合技术效率的影响主要是人力资本占优、自然资本占优和物质资本占优。其中，人力资本占优对用材林、经济林和竹林的综合技术效率都具有显著影响，自然资本占优对经济林经营农户的林地综合技术效率影响显著，物质资本占优对用材林经营农户的林地综合技术效率影响显著。生计资本结构对农户林地利用纯技术效率的影响主要是人力资本占优和社会资本占优，且都对用材林和经济林经营农户起显著作用。生计资本结构中的人力资本占优和物质

资本占优仅对用材林经营农户的规模效率产生显著影响。

④生计资本各测量指标中，受教育水平和劳动力数量、林地块数和林地面积、家庭住房价值、融资渠道和能人数量指标对不同林地经营类型农户的经营效率产生显著影响。具体而言，经营用材林农户生产效率主要受劳动力数量、家庭住房价值、能人数量、对林地未来的调整预期等影响；经营经济林农户效率主要受劳动力数量、林地块数、融资渠道、对林地未来的调整预期等影响；经营竹林农户效率主要受农户受教育水平、劳动力数量、林地块数、林地面积、家庭住房价值、融资渠道、对林地未来的调整预期等影响。

9.1.6 生计资本对农户林业收入的影响

①林区一般位于生态环境重要和脆弱地区，且多为贫困地区，农户生计问题较为突出，在林业生产经营过程中面临着脆弱性背景的冲击。脆弱性背景冲击对农户收入的影响主要有直接影响和间接影响，直接影响的风险冲击包括自然风险冲击和市场风险冲击，而机会缺失会带来间接影响。可持续生计资本是影响农户增收的关键因素，农户收入除了受到脆弱性背景冲击及生计资本影响外，还受到政策性因素的影响，如森林生态补偿制度、限额采伐制度、林业分类经营制度、天然林保护工程政策、退耕还林还草政策等。

②生计资本对农户林业收入具有直接影响，农户林业收入受到生计资本分维水平及结构的制约。农户资本禀赋越丰富，越有助于改善家庭的生计状况，对提高林业收入具有明显作用，其中自然资本和金融资本正向影响农户家庭林业收入，对收入增长具有促进作用。在结构分析中，人力资本占优和金融资本占优通过了显著性检验，表明不同资本结构对农户家庭林业收入具有显著影响效应。此外，不同林地利用方式农户收入影响分析中，对于用材林经营农户而言，自然资本及自然资本占优的农户家庭对其林业收入的影响显著；对于经济林经营农户而言，金融资本及金融资本占优显著正向影响农户林业收入；对于竹林经营农户而言，仅人力资本占优显著正向影响农户家庭林业收入；对于林下经济经营农户而言，金融资本以及金融资本占优和物质资本占优通过了显著性检验，正向影响农户家庭林业收入。

③人力资本和社会资本与收入之间存在非线性关系。当人力资本低于门槛值 0.521 时，人力资本对林区农户林业收入的作用并不显著，当人力资本高于门槛值 0.521 时，人力资本对林区农户林业收入具有显著的正向影响；此外，当人力资本高于门槛值 0.521 时，自然资本能够显著增加林区农户林业收入；而无论人力资本处于何值，金融资本均对林区农户林业收入具有显著的正向影响。当社会资本低于门槛值 0.188 时，金融资本对增加林区农户林业收入效果不显著，当社会资本高于门槛值 0.188 时，金融资本能够显著增加林区农户林业收入。

9.2 政策建议

9.2.1 充分发挥林业扶贫作用，提高农户林业收入水平

收入作为衡量农户生计较为直观的重要影响因素，若要提升集体林区农户生计满意度

和主观福祉，就需要充分发挥林业的扶贫作用，拓宽农户的收入渠道。林业具有多种经济效益，在大力推进林业扶贫的过程中，应注重与生态建设、林业产业发展、林下经济发展、林业科技成果转化、生态效益补偿等的结合。与此同时，进一步完善集体林分类经营政策，针对公益林，通过探索多元化生态保护补偿方式、加强森林生态补偿、促进生态公益岗位就业等制度安排，来提升林区农户民生福祉，同时应落实公益林采伐，对规划林地上的防护林和特种用途林，按照已编制的森林经营方案，及时进行更新和抚育采伐，采伐指标不超限额总量的应及时核发林木采伐许可证，采伐指标不足的应允许使用下一年度采伐限额。针对商品林，应放宽其采伐指标，采伐类型简化为主伐、抚育采伐和其他采伐，后两者可占用主伐指标，针对皆伐作业以控制面积为主，针对择伐作业以控制蓄积为主。此外，通过林业产业发展和科技扶持，培育兼具生态效益和经济效益的特色林产业，同时推广实用技术成果，进而增加农户收入，提高收入满意度。

9.2.2　实施差异化生计策略，优化农户生计资本结构

实施差异化的生计策略政策支持，针对纯林业经营农户，要鼓励其林业经营积极性，实施惠林经营政策进行吸引，增强其林业可持续性；针对林业兼业户，通过经营模式引导，在林业经营和非林经营间达到最佳配置，同时强化其生产专一性，避免多头投资造成资金、劳动力的损失。针对非林户，通过劳动力转移以及非农就业培训，转出林地，在增加务工收入的同时也避免了林地的撂荒。

在实施差异化生计策略的同时，也要对农户的生计资本结构进行优化，使其生计资本数量和结构能够最大程度发挥其生计作用，结合不同的林地利用方式、不同利用集约度和不同利用效率下农户的生计资本差异进行针对性提升，以最大程度增加其林业收入。如针对用材林经营农户，着重提高其自然资本存量，优化自然资本在生计资本结构中所占比例；针对经济林经营农户，着重提高其金融资本存量，并优化金融资本在生计资本结构中所占比例；针对竹林经营农户，着重提高其人力资本存量；针对林下经济经营农户，着重提高其金融资本存量以及金融资本和物质资本结构的优化。商品林经营农户的林业经营效率普遍偏低，考虑生计资本各要素对林业生产效率影响程度的差异，可有针对性地提高不同林业经营类型农户的生计资本，提高林地利用效率。对于经营用材林农户，着重提高其人力资本、物质资本和社会资本；对于经营经济林农户，着重提高其人力资本、自然资本和金融资本；对于经营竹林农户，着重提高其人力资本、自然资本、物质资本和金融资本。

9.2.3　重建农户社会关系网络，充分发挥社会资本优势

社会资本是农户重要的社会资源，是衡量农户生产和生活困难关键时刻所能得到的外部帮助和支持程度，对农户林地利用行为和效率产生着重要影响。因此要培育不同维度的社会资本，通过社会网络、信任、声望、规范等多维度引导健全农户沟通、信任体系，加强农户社会资本的积累。通过培育各种合作组织和农村信息服务平台建设，推动农户和其他组织参与者的信息交流和传播，重建农户社会关系网络，拓宽农户就业和生产经营的社会来源渠道。加强农村基层组织建设，提高农户的集体参与感，增强彼此信任。此外，还

可通过加强宣传教育来提高农户对社会资本投资的重视程度。

社会资本作为一种内在的激励机制，有助于提升农户的林业投资和流转积极性，为充分发挥社会资本优势，可培育“精英”农户，以带动农户获得更多异质性资源，促使农村社会资本同质性向异质性的过渡发展。“精英”农户在村庄中具有某些方面的突出才干和能力，通过自身的感染力和号召力使其他农户共同参与到林业经营发展工作中，如在具有公共产品属性的退耕还林工程中离不开“精英”成员所发挥的“能人现象”作用。“精英”农户的培育，可通过提升人力资本，如进行培训、学习、考察等，提高管理水平和组织能力。加强农村基础教育，提升文化素质，也可通过激励手段吸引优秀人才，为“精英”农户的培育创造内部条件和提供外部支撑。

9.2.4 关注农户林业政策感知，营造良好林业生产环境

不能忽略林业政策认知对农户收入的积极作用，应加大宣传力度、通过集中培训宣讲、手机网络、参观、媒体等途径，进一步提高农户对林业政策的认知。林业政策认知是决定农户行为的关键，重点考虑加大对单户经营农户、受教育水平低等特征农户的精准宣传。另外一方面，也要强化地方政府及村干部对林业政策认知的考核和培训，这样可以有效避免他们所带来的政策执行偏差问题。在此基础上，可提高政策实施力度，促进农户林业政策感知的深度和广度。此外，采取一系列提高农户人力资本的方法，也有助于促进其对林地的合理利用行为及绩效。

动员全社会力量来关注农村社会建设，加快林业市场化改革，充分发挥林业的市场驱动作用，营造良好的林业生产环境，以提高农户的物质资本。物质资本中的生产基础设施是农户进行林业生产不可或缺的重要前提条件，对农户的林地利用行为决策和生产经营效率产生重要影响。具体而言，一是通过加强林区基础设施建设，实现林区通水、通电，道路与公路干线相连，改善乡村公路的通达深度，既有助于交易信息的获取，也有助于降低农户林业产品销售的交通成本；二是规范林产品市场交易秩序和行为，利用现代信息技术建立林业信息平台，对林业生产所需资金、劳动力进行有效整合，实现林业要素市场的公平、高效与稳定。

9.2.5 促进农户林地流转，发展适度规模经营

农户所拥有的土地、林地的数量和质量是决定其拥有自然资本存量的关键，受自然资源特征和局限约束，要想增加农户自然资本，林地流转提供了一个很好的途径。但目前农户的流转权不够完善，流转制度与流转市场的滞后性严重制约着农户林地流转权利的实施。因此，要促进林地流转，需要规范和完善林地流转制度，维护各方利益。同时还要积极培育林地流转中介机构和组织，为农户林地流转提供有效信息，降低农户的交易成本，相关部门在制定林地流转政策时，要充分考虑农户生计资本因素，一是要实施差异化生计策略，鼓励人力资本和自然资本相对充裕的农户转入林地，发展林业适度规模经营；二是要宣传林地流转政策，提高农户政策认知水平，加快林地流转；三是要充分发挥社会资本优势，鼓励社会资本相对充裕的农户流转林地，增强林地流转市场活跃度；四是要重视林业在自然资本和金融资本相对丰裕的地区对农户助农增收的作用，支持和鼓励这些地区农

户增加林地要素投入，促进林地规范流转，实行集约化规模经营。

林地细碎化现象严重制约着林业经营效率的提高，且实际调研中农户的经营模式较为单一，且多以单户经营为主，因此政府在发展林业生产经营过程中，应鼓励促进林业发展模式的多样化，加大对联户经营、股份合作经营模式的宣传、推广与扶持，强化经营的规范化、程序化和长效化，形成内部利益联结机制，鼓励在林权入股制度化安排和林业要素市场化建设方面的研究和创新。具体而言，一是应完善社会保障体系，促使林地从非林生产农户或不愿经营农户手中转出到从事林业生产经营者手中，形成林地的规模效益；二是培育家庭林场、林业合作社、林业大户等新型林业经营主体，通过发挥示范性作用来带动农户间的联合生产，实现其规模化、专业化生产；三是吸引外部工商资本进入，建设村级企业，开展多样化林业生产；四是实施林地适度规模经营补奖政策，以鼓励林地在公开市场进行规范流转，促进农户增收、产业发展和资源增长。

9.2.6 完善林权改革配套措施，着力提升农户金融资本

目前，集体林经营农户的各项权利完善程度不高，对农户的不同林地利用行为带来了不同的影响。在劳动力转移背景下，应继续完善和规范林权改革各项配套措施，减少对农户所拥有权利的干预和限制，同时应考虑劳动要素市场的跨部门影响，结合区域农户分化实际情况，匹配不同的扶持政策，引导不同类型农户对林业生产经营不同环节的合理投入，促进林地可持续发展，提升林农收入。

农户金融资本仍具有极大的提升空间，应增强农户的金融意识和信用观念，可通过创新多样化的林业贷款模式、降低贷款条件等来完善林业金融贷款服务体系，提高农户金融资本。如根据林业经营类型，可分类设计林权抵押贷款政策，满足生计资本相对弱势农户的林权抵押贷款需求。此外，政府应扩大林权抵押贷款的贷款覆盖面，补贴金融机构降低贷款利率，完善农村金融市场，加快建设农户借贷风险分散机制，减少放贷过程中的信息不对称问题，缓解农户信贷约束问题。

9.3 研究不足与展望

受个人时间和精力所限，本书虽然从生计资本角度对农户的林地利用行为及效率问题进行了深入分析，但仍存在一定的局限性和不足，有待日后进一步完善和探索，具体如下。

一是研究区域和研究数据存在局限。受调研时间和经费等限制，本书仅选择陕西和江西两省农户进行了调研，后续应针对其他省份进行扩展调研，以增大样本容量和提高样本代表性，使对集体林经营农户生计资本影响林地利用行为的研究更加全面，也有助于不同地区行为差异的对比分析。此外，林地利用行为是一个持续、长久的过程，尽可能采用动态面板数据进行分析，以反映农户林地利用行为的长期变化趋势。

二是研究方法存在局限。本书在遵循科学性、可操作性和层次性的原则下，结合农户自身特征和区域环境特征，合理选取了农户生计资本评价指标，对农户生计资本进行量化处理。但生计资本的量化问题截至目前学术界仍没有统一的定论，不同的指标选取和量化

方法不同，计算出的生计资本值也不相同，未来研究需要进一步设计更为全面的衡量特定研究对象生计资本的指标体系。此外，本书在对农户林地利用效率进行研究时，考虑到林业投入产出特点和效率测算指标的可取性，只选取了商品林经营农户作为评价对象，而对公益林经营农户难以做出合理的效率评价，未来可探索公益林经营农户的效率评价方法。

参考文献

[1]蔡洁，刘斐，夏显力. 农村产业融合、非农就业与农户增收——基于六盘山的微观实证[J]. 干旱区资源与环境，2020，34(02)：73-79.

[2]曹兰芳，王立群，曾玉林. 资金与劳动力：林改后农户林业投入影响因素比较——基于湖南 10 县 500 户调查[J]. 林业经济，2014，36(08)：26-31.

[3]曹瓅，罗剑朝. 社会资本、金融素养与农户创业融资决策[J]. 中南财经政法大学学报，2019(03)：3-13，158.

[4]曾亿武，陈永富，郭红东. 先前经验、社会资本与农户电商采纳行为[J]. 农业技术经济，2019(03)：38-48.

[5]柴智慧. 农业保险的农户收入效应、信息不对称风险[D]. 呼和浩特：内蒙古农业大学，2014.

[6]陈春生. 中国农户的演化逻辑与分类[J]. 农业经济问题，2007(11)：79-84，112.

[7]陈方，阎建忠，李惠莲. 基于农户生计活动的生计策略类型划分——以重庆市典型区为例[J]. 西南大学学报(自然科学版)，2017，39(11)：113-119.

[8]陈飞，翟伟娟. 农户行为视角下农地流转诱因及其福利效应研究[J]. 经济研究，2015，50(10)：163-177.

[9]陈妮，鲁莎莎，秦凡，关兴良. 集体林区林地经营效率的影响因素研究——基于地块尺度的微观调查数据[J]. 中国土地科学，2018，32(12)：74-81.

[10]陈卓，续竞秦，吴伟光. 集体林区不同类型农户生计资本差异及生计满意度分析[J]. 林业经济，2014，36(08)：36-41.

[11]程名望，盖庆恩，Jin Yanhong，史清华. 人力资本积累与农户收入增长[J]. 经济研究，2016，51(01)：168-181，192.

[12]池文芳，徐秀英，吴伟光，陈卓. 生计资本对林农大病风险的影响分析[J]. 林业经济问题，2014，34(06)：492-497，576.

[13]崔宝玉，谢煜，徐英婷. 土地征用的农户收入效应——基于倾向得分匹配(PSM)的反事实估计[J]. 中国人口·资源与环境，2016，26(02)：111-118.

[14]崔艳智，高阳，赵桂慎. 我国北方农牧交错区农牧生计可持续性评价——以科尔沁左翼后旗为例[J]. 干旱区资源与环境，2018，32(08)：38-44.

[15]道日娜. 农牧交错区域农户生计资本与生计策略关系研究——以内蒙古东部四个旗为例[J]. 中国人口·资源与环境，2014，24(S2)：274-278.

[16]刁钢，麻坤，赵荣，仇晓璐. 基于中国林业产业预警模型的木材供需仿真研究[J]. 林业经济，2018，40(04)：33-38.

[17]丁士军，张银银，马志雄. 被征地农户生计能力变化研究——基于可持续生计框架的改进[J]. 农业经济问题，2016，37(06)：25-34，110-111.

[18]杜本峰，李碧清. 农村计划生育家庭生计状况与发展能力分析——基于可持续性分析框架[J]. 人口研究，2014，38(04)：50-62.

[19]段伟，任艳梅，冯冀，温亚利. 基于生计资本的农户自然资源依赖研究——以湖北省保护区为例[J]. 农业经济问题，2015，36(08)：74-82，112.

[20]方恺. 基于改进生态足迹三维模型的自然资本利用特征分析——选取11个国家为数据源[J]. 生态学报，2015，35(11)：3766-3777.

[21][美]范里安. 微观经济学：现代观点[M]. 上海：上海人民出版社，1994.

[22]高岚，徐冬梅. 个体禀赋与认知对农户林地流转行为的影响——基于意愿与行为一致视角分析[J]. 林业科学，2018，54(07)：137-145.

[23]高学政，慕宗昭. 巴西林业与人工林的集约经营[J]. 山东林业科技，2008(03)：110-111.

[24]葛玉娟，赵宇鸾，任红玉. 山区耕地细碎化对不同利用方式农地集约度的影响[J]. 地球科学进展，2020，35(02)：180-188.

[25]龚冬生，李树茁，李艳. 男女农民工的生计资本对其城市发展意愿的影响[J]. 城市问题，2019(02)：96-103.

[26]管永昊，吴佳敏，贺伊琦. 企业创新类型、非农就业与农民收入[J]. 财经问题研究，2020(01)：121-129.

[27]郭军华，倪明，李帮义. 基于三阶段DEA模型的农业生产效率研究[J]. 数量经济技术经济研究，2010，27(12)：27-38.

[28]郭丽玲，欧阳勋志，郭孝玉，宁金魁. 基于林农视角的赣江源公益林生态补偿满意度评价研究[J]. 中国人口·资源与环境，2015，25(S2)：320-323.

[29]郭霞. 基于农户生产技术选择的农业技术推广体系研究[D]. 南京：南京农业大学，2008.

[30]郭晓鸣，甘庭宇，李晟之，罗虹. 退耕还林工程：问题、原因与政策建议——四川省天全县100户退耕还林农户的跟踪调查[J]. 中国农村观察，2005(03)：72-79.

[31]郭亚军. 旅游者决策行为研究[D]. 西安：西北大学，2010.

[32]郭于华. "道义经济"还是"理性小农" 重读农民学经典论题[J]. 读书，2002(05)：104-110.

[33]韩锋，赛斐，温亚利. 林权抵押贷款需求影响因素分析——以江西省遂川县为例[J]. 林业经济问题，2012，32(02)：126-131.

[34]韩育霞，李桦，杨扬，董理. 不同商品林经营类型农户林业社会化服务可得性及影响因素研究——来自浙江省、江西省农户的调查[J]. 林业经济，2019，41(12)：79-88，96.

[35]何仁伟，刘邵权，陈国阶，谢芳婷，杨晓佳，梁岚. 中国农户可持续生计研究进展及趋向[J]. 地理科学进展，2013，32(04)：657-670.

[36]何仁伟，刘邵权，刘运伟，李立娜，梁岚，李婷婷. 典型山区农户生计资本评价及其

空间格局——以四川省凉山彝族自治州为例[J]. 山地学报, 2014, 32(06): 641-651.

[37]何仁伟. 山区聚落农户可持续生计发展水平及空间差异分析——以四川省凉山州为例[J]. 中国科学院大学学报, 2014, 31(02): 221-230.

[38]何文剑, 张红霄. 林权改革、产权结构与农户造林行为——基于江西、福建等5省7县林改政策及415户农户调研数据[J]. 农林经济管理学报, 2014, 13(02): 192-200.

[39]贺爱琳, 杨新军, 陈佳, 王子侨. 乡村旅游发展对农户生计的影响——以秦岭北麓乡村旅游地为例[J]. 经济地理, 2014, 34(12): 174-181.

[40]贺志武, 胡伦. 社会资本异质性与农村家庭多维贫困[J]. 华南农业大学学报(社会科学版), 2018, 17(03): 20-31.

[41]胡国建, 陈传明, 郭连超, 侯雨峰. 生态补偿对自然保护区农户生计资本影响分析——以福建闽江源国家级自然保护区为例[J]. 生态经济, 2018, 34(08): 145-149, 155.

[42]黄安胜, 张春霞, 苏时鹏, 郑晶. 南方集体林区林农资金投入行为分析[J]. 林业经济, 2008(06): 67-70.

[43]黄森慰, 苏时鹏, 张春霞, 郑晶. 福建省集体林权制度改革中的公平与效率问题浅析[J]. 中国林业经济, 2010(06): 16-18.

[44]黄志刚, 陈晓楠, 李健瑜. 生态移民政策对农户收入影响机理研究——基于形成型指标的结构方程模型分析[J]. 资源科学, 2018, 40(02): 439-451.

[45]黄宗智. 略论华北近数百年的小农经济与社会变迁——兼及社会经济史研究方法[J]. 中国社会经济史研究, 1986, (02): 9-15, 8.

[46]吉登艳, 马贤磊, 石晓平. 林地产权对农户林地投资行为的影响研究: 基于产权完整性与安全性——以江西省遂川县与丰城市为例[J]. 农业经济问题, 2015, 36(03): 54-61, 111.

[47]吉登艳, 石晓平, 仇童伟, 马贤磊. 林地产权对农户林业经营性收入的影响——以江西省两个县(市)为例[J]. 资源科学, 2016, 38(08): 1609-1620.

[48]Joachim von Braun. 全球化及其对小农户的挑战[J]. 南京农业大学学报(社会科学版), 2005(02): 8-22.

[49]贾治邦. 中国农村经营制度的又一重大变革——对集体林权制度改革的几点认识[J]. 求是, 2007(17): 27-29.

[50]蒋海, 张道卫. 林业投资的激励机制与产权制度安排[J]. 农业技术经济, 2001(01): 8-14.

[51]金银亮, 张红霄. 基于金融精准扶贫的我国林权抵押机制设计[J]. 世界林业研究, 2017, 30(04): 85-90.

[52]孔凡斌, 阮华, 廖文梅. 不同贫困程度农户林权抵押贷款收入效应与贷款行为及其影响因素分析——基于702户农户调查数据的实证[J]. 林业科学, 2019, 55(10): 111-123.

[53]孔凡斌. 集体林权制度改革绩效评价理论与实证研究——基于江西省2484户林农收入增长的视角[J]. 林业科学，2008(10)：132-141.

[54]孔祥智，郭艳芹，李圣军. 集体林权制度改革对村级经济影响的实证研究——福建省永安市15村调查报告[J]. 林业经济，2006(10)：17-21.

[55]孔祥智，穆娜娜. 农村集体产权制度改革对农民增收的影响研究——以六盘水市的"三变"改革为例[J]. 新疆农垦经济，2016(06)：1-11.

[56]孔祥智，张琛，张效榕. 要素禀赋变化与农业资本有机构成提高——对1978年以来中国农业发展路径的解释[J]. 管理世界，2018，34(10)：147-160.

[57]冷小黑. 农户林业资金投入影响因素理论分析[J]. 宜春学院学报，2010，32(09)：75-77.

[58]黎洁，李亚莉，邰秀军，李聪. 可持续生计分析框架下西部贫困退耕山区农户生计状况分析[J]. 中国农村观察，2009(05)：29-38，96.

[59]李聪，刘若鸿，许晏君. 易地扶贫搬迁、生计资本与农户收入不平等——来自陕南的证据[J]. 农业技术经济，2019(07)：52-67.

[60]李聪，柳玮，黄谦. 陕南移民搬迁背景下农户生计资本的现状与影响因素分析[J]. 当代经济科学，2014，36(06)：106-112，126.

[61]李功奎，钟甫宁. 农地细碎化、劳动力利用与农民收入——基于江苏省经济欠发达地区的实证研究[J]. 中国农村经济，2006(04)：42-48.

[62]李国平，石涵予. 比较视角下退耕还林补偿的农村经济福利效应——基于陕西省79个退耕还林县的实证研究[J]. 经济地理，2017，37(07)：146-155.

[63]李桦，姚顺波，刘璨，郭亚军. 集体林分权条件下不同经营类型商品林生产要素投入及其效率——基于三阶段DEA模型及其福建、江西农户调研数据[J]. 林业科学，2014，50(12)：122-130.

[64]李桦，姚顺波，刘璨，王博文. 新一轮林权改革背景下南方林区不同商品林经营农户农业生产技术效率实证分析——以福建、江西为例[J]. 农业技术经济，2015(03)：108-120.

[65]李军龙，滕剑仑. 生计资本下农户参与生态补偿行为意愿分析——基于福建省三明地区48个村的调查[J]. 福建农林大学学报(哲学社会科学版)，2013，16(05)：15-20.

[66]李琳森，张旭锐. 林农生计资本对林地利用方式的影响研究[J]. 林业经济问题，2019，39(01)：38-44.

[67]李先东，李录堂，苏岚岚，夏咏. 牧民草场流转的收入效应分析[J]. 农业技术经济，2019(11)：104-115.

[68]李娅，姜春前，严成，邱水文，黄选瑞. 江西省集体林区林权制度改革效果及农户意愿分析——以江西省永丰村、上芜村、龙归村为例[J]. 中国农村经济，2007(12)：54-61.

[69]李娅. 江西省集体林区林权改革效果、问题及对策研究[D]. 保定：河北农业大学，2007.

[70]李艳，刘璨，杨红强，宁攸凉，何文剑，张寒. 资本异质性视角下林业投入劳动集约

的成因分析——基于9省区林农数据的联立方程MV Tobit估计[J]. 林业科学，2019，55(10)：99-110.
[71]李阳. 林农参与林业合作组织行为对绩效影响的实证研究[D]. 哈尔滨：东北林业大学，2013.
[72]李怡，高岚. 不同类型林地流转的形成逻辑与效率差异[J]. 软科学，2014，28(02)：140-144.
[73]梁书民. 中国农业种植结构及演化的空间分布和原因分析[J]. 中国农业资源与区划，2006(02)：29-34.
[74]廖文梅，孔凡斌，林颖. 劳动力转移程度对农户林地投入产出水平的影响——基于江西省1178户农户数据的实证分析[J]. 林业科学，2015，51(12)：87-95.
[75]廖文梅，童婷，秦克清，高雪萍. 中国林地投入产出效率理论、测度与影响因素：综述与展望[J]. 农林经济管理学报，2018，17(05)：545-552.
[76]刘彬彬，陆迁，李晓平. 社会资本与贫困地区农户收入——基于门槛回归模型的检验[J]. 农业技术经济，2014(11)：40-51.
[77]刘滨，刘小红，雷显凯，杜重洋. 林农对生态公益林补偿政策满意度及其影响因素研究——基于江西省17个县753份调查问卷[J]. 农林经济管理学报，2018，17(03)：309-318.
[78]刘博，谭淑豪. 社会资本与牧户草地租赁倾向[J]. 干旱区资源与环境，2018，32(04)：13-18.
[79]刘畅. 生计资本视角下农户正规信贷获得性影响研究[D]. 呼和浩特：内蒙古农业大学. 2019.
[80]刘晶，刘璨，杨红强，许时蕾，白秀广，程娟娟，张寒. 林地细碎化程度对农户营林积极性的影响[J]. 资源科学，2018，40(10)：2029-2038.
[81]刘精慧，薛东前. 陕北黄陵县农户生计资本评价及其生计策略研究[J]. 中国农业资源与区划，2019，40(06)：156-163.
[82]刘俊，张恒锦，金朦朦，李宁馨. 旅游地农户生计资本评估与生计策略选择——以海螺沟景区为例[J]. 自然资源学报，2019，34(08)：1735-1747.
[83]刘可，齐振宏，黄炜虹，叶孙红. 资本禀赋异质性对农户生态生产行为的影响研究——基于水平和结构的双重视角分析[J]. 中国人口·资源与环境，2019，29(02)：87-96.
[84]刘玲，舒伯阳，马应心. 可持续生计分析框架在乡村旅游研究中的改进与应用[J]. 东岳论丛，2019，40(12)：127-137.
[85]刘珉. 平原地区集体林权制度变迁及其绩效研究——以河南为例[J]. 河南林业科技，2011，31(01)：1-7.
[86]刘倩. 社会资本对收入的作用机制——从社会资本的资源配置功能分析[J]. 经济问题，2017(05)：35-41.
[87]刘卫柏，于晓媛，袁鹏举. 产业扶贫对民族地区贫困农户生计策略和收入水平的影响[J]. 经济地理，2019，39(11)：175-182.

[88]刘小强，徐晋涛，王立群. 集体林权制度改革对农户收入影响的实证分析[J]. 北京林业大学学报(社会科学版)，2011，10(02)：69-75.
[89]刘秀丽，张勃，郑庆荣，何旭强，张调风，贾艳青，罗正明. 黄土高原土石山区退耕还林对农户福祉的影响研究——以宁武县为例[J]. 资源科学，2014，36(02)：397-405.
[90]刘志飞. 农户生计资产对土地利用的作用研究[D]. 南昌：江西财经大学，2016.
[91]卢秋佳，魏远竹，徐龙顺，黄森慰. 计划行为理论视角农户选择林权交易中心意愿分析[J]. 林业经济问题，2018，38(06)：48-55，105.
[92]列宁. 列宁选集：第2卷. 北京：人民出版社，1995.
[93]鹿瞳. 基于DEA-Tobit两步法的公共图书馆效率评价与分析[D]. 大连：辽宁师范大学，2009.
[94]罗金，张广胜. 集体林权改革后的林农生产投资行为[J]. 林业经济问题，2009，29(01)：77-80.
[95]罗明忠，刘恺. 职业分化、政策评价及其优化——基于农户视角[J]. 华中农业大学学报(社会科学版)，2016(05)：10-19，14.
[96]马聪，刘黎明. 不同经济发展水平地区耕地利用集约度比较[J]. 资源科学，2019，41(12)：2296-2306.
[97]马良灿. 理性小农抑或生存小农——实体小农学派对形式小农学派的批判与反思[J]. 社会科学战线，2014(04)：165-172.
[98]闵师，项诚，赵启然，王晓兵. 中国主要农产品生产的机械劳动力替代弹性分析——基于不同弹性估计方法的比较研究[J]. 农业技术经济，2018(04)：4-14.
[99]彭建超，徐春鹏，吴群，余德贵，陈健. 长三角地区城市土地利用集约度区域分异研究[J]. 中国人口·资源与环境，2008(02)：103-109.
[100]秦川，何丙辉，蒋先军. 三峡库区不同土地利用方式下土壤养分含量特征研究[J]. 草业学报，2016，25(09)：10-19.
[101]冉陆荣，吴有民，孙荣花. 职业分化对农户林地流转意愿影响的实证研究[J]. 农业经济，2019(02)：57-59.
[102]冉陆荣，周峰. 农户收入分化对林地流入与流出意愿影响研究[J]. 林业经济问题，2019，39(02)：179-188.
[103]冉陆荣. 集体林权制度改革背景下辽宁省农户林地流转行为及经营效率研究[D]. 沈阳：沈阳农业大学，2011.
[104]任林静，黎洁. 退耕还林政策交替期退耕农户土地利用意愿研究——基于制度约束的影响分析[J]. 干旱区资源与环境，2018，32(08)：52-58.
[105]沈宁，徐秀英. 家庭禀赋对山区农户林业相关生计策略的影响研究[J]. 林业经济问题，2020，40(01)：105-112.
[106]史若昀，刘伟平. 农户行为能力视角下的林地流转意愿及决策研究——以福建省10县(市)50村农户调查为例[J]. 林业经济问题，2017，37(05)：23-31，101.
[107]史雨星，李超琼，赵敏娟. 非市场价值认知、社会资本对农户耕地保护合作意愿的

影响[J]. 中国人口·资源与环境，2019，29(04)：94-103.
[108]舒斌，沈月琴，贺永波，赵思嘉，刘红妍. 林业补贴对浙江省农户林业投入影响的实证分析[J]. 浙江农林大学学报，2017，34(03)：534-542.
[109]司亚伟，李旻. 农户收入多样性及对林地流转意愿的影响——基于辽宁省清原县的实证[J]. 林业经济问题，2017，37(03)：17-22，99.
[110]斯丽娟，夏瑀，陶杰，刘宇浩. 旅游精准扶贫绩效影响因子研究——基于可持续生计理论[J]. 西北农林科技大学学报(社会科学版)，2019，19(01)：29-38.
[111]宋洪峰，李强，陈建成. 人力资本投入对林业产值增长的贡献分析——基于南方集体林区10省份的面板数据[J]. 林业经济评论，2012，2(00)：62-68.
[112]苏飞，庞凌峰，马莉莎. 生计资本对杭州市农民工生活满意度的影响[J]. 浙江农业学报，2014，26(01)：241-246.
[113]苏慧. 社会资本视角下农户林下经营效率及其影响因素研究[D]. 呼和浩特：内蒙古农业大学，2019.
[114]苏静，肖攀，阎晓萌. 社会资本异质性、融资约束与农户家庭多维贫困[J]. 湖南大学学报(社会科学版)，2019，33(05)：72-80.
[115]苏岚岚，彭艳玲，孔荣. 社会网络对农户创业绩效的影响研究——基于创业资源可得性的中介效应分析[J]. 财贸研究，2017，28(09)：27-38.
[116]孙若梅. 小额信贷在农村信贷市场中作用的探讨[J]. 中国农村经济，2006(08)：34-43.
[117]孙妍，徐晋涛，李凌. 林权制度改革对林地经营模式影响分析——江西省林权改革调查报告[J]. 林业经济，2006(08)：7-11.
[118]王成超，杨玉盛. 农户生计非农化对耕地流转的影响——以福建省长汀县为例[J]. 地理科学，2011，31(11)：1362-1367.
[119]王成利. 社会资源和金融资源对农户收入的影响分析[J]. 经济问题，2018(08)：84-89，110.
[120]王恒，秦国庆，王博，朱玉春. 社会资本、金融借贷与农户多维贫困——基于秦巴山区3省的微观调查数据[J]. 中国人口·资源与环境，2019，29(11)：167-176.
[121]王丽丽，郭晶华. 江西大岗山植被类型及其自然度与经营集约度的划分和评价[J]. 林业科学研究，1994(03)：286-293.
[122]王亚运. 农户家庭耕地利用功能对土地利用行为的影响研究[D]. 武汉：华中农业大学，2018.
[123]王彦星，潘石玉，卢涛，晏兆莉，郭旭生，尚占环，盛丽，吴宁. 生计资本对青藏高原东缘牧民生计活动的影响及区域差异[J]. 资源科学，2014，36(10)：2157-2165.
[124]王阳，孟梅. 生计资本对北疆搬迁定居牧民生活满意度的影响[J]. 草业科学，2017，34(05)：1121-1128.
[125]王翊嘉，黄森慰，苏时鹏. 产权异质性、林地流转与林业经营效率——来自福建省664户山区农户的调查[J]. 资源开发与市场，2019，35(02)：162-167.

[126]王兆林. 重庆市农村“三权”抵押对农民收入增长影响分析[J]. 江苏农业科学, 2018, 46(03): 303-307, 314.
[127]王忠笑. 加强集约经营促进林业企业的发展[J]. 森林工程, 1996(04): 13-16.
[128]魏建, 尹少华, 刘璨. 新一轮集体林权制度改革对兼业与非兼业农户收入的影响研究[J]. 林业经济, 2018, 40(12): 64-71.
[129]魏秀华, 杨建州, 曹玮. 人力资本、产业结构与林业经济增长的交互效应——基于南方集体林区的实证分析[J]. 福建论坛(人文社会科学版), 2019(12): 144-153.
[130]魏学肖. 陕北退耕农户生计行为及土地利用响应[D]. 西安: 西安科技大学, 2018.
[131]文孝丽, 朱新玉. 商丘市不同土地利用方式对土壤有机碳含量的影响[J]. 商丘师范学院学报, 2020, 36(06): 52-56.
[132]翁贞林. 粮食主产区农户稻作经营行为与政策扶持机制研究[D]. 武汉: 华中农业大学, 2009.
[133]吴金华, 刘思雨, 史敏. 基于网络分析法的陕西省耕地集约利用评价[J]. 干旱区资源与环境, 2020, 34(02): 109-114.
[134]伍艳. 农户生计资本与生计策略的选择[J]. 华南农业大学学报(社会科学版), 2015, 14(02): 57-66.
[135]武岩, 胡必亮. 社会资本与中国农民工收入差距[J]. 中国人口科学, 2014(06): 50-61, 127.
[136]夏叶丹, 曾维忠. 农户林地资金投入水平影响因素分析——基于四川省宜宾市的实证研究[J]. 中国农业资源与区划, 2013, 34(06): 224-228.
[137]肖颖, 韦浩华, 林绚, 陈霭玲, 庄华东, 林文婉, 高岚. 农户林地经营效率及其影响因素分析——以梅州市农户调研数据为例[J]. 林业与环境科学, 2018, 34(02): 107-112.
[138]谢先雄, 赵敏娟, 蔡瑜. 生计资本对牧民减畜意愿的影响分析——基于内蒙古372户牧民的微观实证[J]. 干旱区资源与环境, 2019, 33(06): 55-62.
[139]谢玉梅, 冯超. 有机农业发展和有机食品价格的国际比较[J]. 价格理论与实践, 2012(05): 84-85.
[140]谢再钟, 程朝阳, 程文舟, 林金木, 张志才. 阿根廷人工林集约经营模式对福建省林业发展的启示[J]. 福建林业, 2015(02): 25-26.
[141]徐冬梅, 刘豪, 高岚. 论意愿强度差异视角的林地流转行为决策过程——基于农户层面解析[J]. 林业经济, 2019, 41(04): 19-24.
[142]徐国鑫, 金晓斌, 宋佳楠, 周寅康. 耕地集约利用对粮食产量变化影响的定量分析——以江苏省为例[J]. 地理研究, 2012, 31(09): 1621-1630.
[143]徐堇寒. 生计资本对山区农户生活满意度的影响研究[D]. 杭州: 浙江农林大学, 2019.
[144]徐晋涛, 孙妍, 姜雪梅, 李劼. 我国集体林区林权制度改革模式和绩效分析[J]. 林业经济, 2008(09): 27-38.
[145]徐美银, 钱忠好. 农民认知视角下的中国农地制度变迁——基于拓扑模型的分

析[J]. 农业经济问题，2008(05)：61-67，111.
[146]徐玮，包庆丰. 生计资本对职工家庭参与林下经济产业发展意愿影响的实证分析——基于内蒙古国有林区的调查数据[J]. 农林经济管理学报，2017，16(04)：496-503.
[147]徐秀英，任腾腾，陈高杰，赵娜，李朝柱. 林地流转对农户林地投入的影响分析[J]. 浙江农林大学学报，2013，30(04)：463-469.
[148]徐秀英，石道金，杨松坤，李朝柱. 农户林地流转行为及影响因素分析——基于浙江省临安、安吉的农户调查[J]. 林业科学，2010，46(09)：149-157.
[149]许彩华，余劲. "三权分置"背景下土地流转的收入效应分析——基于粮食主产区3省10县的农户调查[J]. 华中农业大学学报(社会科学版)，2020(01)：18-27，162.
[150]许汉石，乐章. 生计资本、生计风险与农户的生计策略[J]. 农业经济问题，2012，33(10)：100-105.
[151]许佳贤，苏时鹏，黄安胜，张春霞，黄森慰. 农户林业经营效率及其影响因素分析——基于闽浙赣235个固定观察点6年的调查数据[J]. 农村经济，2014(11)：42-46.
[152]许庆，章元. 土地调整、地权稳定性与农民长期投资激励[J]. 经济研究，2005(10)：59-69.
[153]薛彩霞，姚顺波. 基于收入异质性视角的西部农户林地经营技术效率研究——四川省雅安市农户调查[J]. 林业经济，2015，37(12)：36-42，77.
[154]薛彩霞，姚顺波. 劳动力资源配置对西部农户非木质林产品经营效率的影响——基于成本效率和利润效率的分析[J]. 林业经济问题，2017，37(05)：65-72，108.
[155]阎建忠，卓仁贵，谢德体，张镱锂. 不同生计类型农户的土地利用——三峡库区典型村的实证研究[J]. 地理学报，2010，65(11)：1401-1410.
[156]颜宇琪. 湖南省集体林权制度改革后农户林地流转影响因素分析[D]. 长沙：中南林业科技大学，2019.
[157]杨冬梅，雷显凯，康小兰，朱述斌. 集体林权制度改革配套政策对农户林业生产经营效率的影响研究[J]. 林业经济问题，2019，39(02)：135-142.
[158]杨晶，丁士军，邓大松. 人力资本、社会资本对失地农民个体收入不平等的影响研究[J]. 中国人口·资源与环境，2019，29(03)：148-158.
[159]杨晶，丁士军. 农村产业融合、人力资本与农户收入差距[J]. 华南农业大学学报(社会科学版)，2017，16(06)：1-10.
[160]杨均华，刘璨. 精准扶贫背景下农户脱贫的决定因素与反贫困策略[J]. 数量经济技术经济研究，2019，36(07)：3-21.
[161]杨水生，徐秀英，石道金. 劳动力老龄化对竹林地利用效率的影响——基于中介效应的实证研究[J]. 林业科学，2018，54(10)：132-142.
[162]杨扬，李桦，薛彩霞，黄蕊. 林业产权、市场环境对农户不同生产环节林业投入的影响——来自集体林改试点省福建林农的调查[J]. 资源科学，2018，40(02)：427-438.

[163]杨扬，李桦. 集体林区农户生计策略选择研究——基于浙江、江西调查问卷[J]. 农林经济管理学报，2019，18(05)：645-655.

[164]杨永华. 舒尔茨的《改造传统农业》与中国三农问题[J]. 南京社会科学，2003(09)：28-31.

[165]杨云彦，赵锋. 可持续生计分析框架下农户生计资本的调查与分析——以南水北调(中线)工程库区为例[J]. 农业经济问题，2009(03)：58-65，111.

[166]姚冠荣，刘桂英，谢花林. 中国耕地利用投入要素集约度的时空差异及其影响因素分析[J]. 自然资源学报，2014，29(11)：1836-1848.

[167]叶敬忠，张明皓. "小农户"与"小农"之辩——基于"小农户"的生产力振兴和"小农"的生产关系振兴[J]. 南京农业大学学报(社会科学版)，2019，19(01)：1-12，163.

[168]银小柯. 不同经营模式下福建林农林业投入研究[D]. 福州：福建农林大学，2012.

[169]尹莎，陈佳，杨新军. 社会—生态系统重构背景下农户适应行为及影响机理[J]. 人文地理，2020，35(02)：112-121.

[170]尤小文. 农户：一个概念的探讨[J]. 中国农村观察，1995(05)：3-5.

[171]于尚云，郭建科. 辽宁省城市土地利用集约度测定及其时空差异[J]. 经济地理，2014，34(11)：140-145.

[172]于艳丽，李桦，薛彩霞，姚顺波. 政府支持、农户分化与农户绿色生产知识素养[J]. 西北农林科技大学学报(社会科学版)，2019，19(06)：150-160.

[173]于艳丽，李桦，姚顺波. 林权改革、市场激励与农户投入行为[J]. 农业技术经济，2017(10)：93-105.

[174]于元赫，李子君. 山东省耕地利用集约度时空变化及政策启示[J]. 中国土地科学，2017，31(04)：52-60.

[175]俞剑，李扬，温亚利，贺超. 林改背景下农户家庭林业经营投入的影响因素分析——基于7省3500户样本农户调查[J]. 林业经济，2017，39(07)：27-31.

[176]袁东波，陈美球，廖彩荣，谢贤鑫，廖小斌，姚冬莲. 土地转出农户的生计资本分化及其生计策略变化[J]. 水土保持研究，2019，26(04)：349-354，362.

[177]袁东波，陈美球，廖彩荣，谢贤鑫，廖小斌，姚冬莲. 土地转出农户主观福祉现状及其影响因素分析——基于生计资本视角[J]. 中国土地科学，2019，33(03)：25-33.

[178]袁梁. 生态补偿政策、生计资本对可持续生计的影响研究[D]. 杨凌：西北农林科技大学，2018.

[179]袁鹏举，周化明. 中国农民工社会资本的调查分析与评估——基于全国10省市自治区农民工的问卷调查[J]. 调研世界，2014(05)：26-29.

[180]袁茜露，鲁亚楠，高岚. 基于计划行为理论的农户林权流转意愿影响因素分析[J]. 广东农业科学，2017，44(02)：186-192.

[181]翟秋，李桦，姚顺波. 后林权改革视角下家庭林地经营效率研究[J]. 西北农林科技大学学报(社会科学版)，2013，13(02)：64-69.

[182]张朝辉. 生计资本对农户退耕参与决策的影响分析——以西北S地区为例[J]. 干旱区资源与环境, 2019, 33(04): 23-28.
[183]张翠娥, 李跃梅, 李欢. 资本禀赋与农民社会治理参与行为——基于5省1599户农户数据的实证分析[J]. 中国农村观察, 2016(01): 27-37, 50.
[184]张寒, 刘璨, 姚顺波, 赵青, 刘浩, 朱文清. 林地面积增加提高了农户营林积极性吗? ——基于9省1504个农户数据的倾向值匹配分析[J]. 自然资源学报, 2016, 31(11): 1793-1805.
[185]张俊清. 集体林产权制度改革下林农对不同林种的投入行为意愿分析[D]. 沈阳: 沈阳农业大学, 2008.
[186]张蕾, 蔡志坚, 谢煜, 胡国珠. 农户林地流转影响因素的实证研究——基于农户职业分化和收入分化视角[J]. 林业经济问题, 2013, 33(05): 397-402.
[187]张丽萍, 张镱锂, 阎建忠, 吴莹莹. 青藏高原东部山地农牧区生计与耕地利用模式[J]. 地理学报, 2008(04): 377-385.
[188]张连刚, 支玲, 王光玉, 李娅. 农户对退耕还林工程满意度的影响因素及提升路径——基于云南省鹤庆县和贵州省织金县的调查数据[J]. 林业科学, 2019, 55(12): 123-132.
[189]张童朝, 颜廷武, 何可, 张俊飚. 资本禀赋对农户绿色生产投资意愿的影响——以秸秆还田为例[J]. 中国人口·资源与环境, 2017, 27(08): 78-89.
[190]张维, 刘新芝, 王才利. 农户的用材林经营意愿——山东梁山镇的调查[J]. 林业经济问题, 2009, 29(04): 315-320.
[191]张炜, 薛建宏, 张兴. 退耕还林政策对农户收入的影响及其作用机制[J]. 农村经济, 2019(06): 130-136.
[192]张旭锐, 高建中. 生计资本视角下农户集体林地利用效率分析[J]. 西北农林科技大学学报(社会科学版), 2020, 20(02): 129-137.
[193]赵京, 杨钢桥. 耕地利用集约度变化及其驱动因素分析——以湖北省为例[J]. 长江流域资源与环境, 2012, 21(01): 30-35.
[194]赵璟, 赵粉侠, 文冰. 西部地区林业人力资本潜能与林业可持续发展[J]. 北京林业大学学报(社会科学版), 2004(01): 38-42.
[195]赵文娟, 杨世龙, 王潇. 基于Logistic回归模型的生计资本与生计策略研究——以云南新平县干热河谷傣族地区为例[J]. 资源科学, 2016, 38(01): 136-143.
[196]赵雪雁. 生计资本对农牧民生活满意度的影响——以甘南高原为例[J]. 地理研究, 2011, 30(04): 687-698.
[197]郑风田, 阮荣平, 孔祥智. 南方集体林区林权制度改革回顾与分析[J]. 中国人口·资源与环境, 2009, 19(01): 25-32.
[198]郑风田, 阮荣平. 新一轮集体林权改革评价: 林地分配平等性视角——基于福建调查的实证研究[J]. 经济理论与经济管理, 2009(10): 52-59.
[199]钟甫宁, 陆五一, 徐志刚. 农村劳动力外出务工不利于粮食生产吗? ——对农户要素替代与种植结构调整行为及约束条件的解析[J]. 中国农村经济, 2016(07): 36-

47.
[200]周本琳. 关于林业土地评价[J]. 南京林业大学学报(自然科学版), 1987(04): 61-66.
[201]周升强, 高原, 赵凯. 草原生态补奖对贫困农牧户收入的影响[J]. 西北农林科技大学学报(社会科学版), 2020, 20(02): 138-147.
[202]周升强, 赵凯. 中国农户可持续生计资本的区域比较——基于农户收入分级视角[J]. 世界农业, 2018(09): 168-175.
[203]周小刚, 陈熹. 关系强度、融资渠道与农户借贷福利效应——基于信任视角的实证研究[J]. 中国农村经济, 2017(01): 16-29, 93-94.
[204]朱清海, 雷云. 社会资本对农户秸秆处置亲环境行为的影响研究——基于湖北省L县农户的调查数据[J]. 干旱区资源与环境, 2018, 32(11): 15-21.
[205]朱必祥. 人力资本理论与方法[M]. 北京: 中国经济出版社, 2005.
[206]张其仔. 社会资本论[M]. 北京: 社会科学文献出版社, 1999.
[207]朱烨, 刘强, 吴伟光. 林业劳动力女性化状况及其对林业生产效率的影响——以竹林生产为例[J]. 农业技术经济, 2018(05): 104-111.
[208]朱永杰. 论林业经济中的"市场失灵"问题[J]. 北京林业大学学报, 1999(06): 3-5.
[209]朱永甜, 余劲. 陕南易地扶贫搬迁减贫效应研究——基于分阶段的讨论[J]. 干旱区资源与环境, 2020, 34(05): 64-69.
[210]朱长宁, 王树进. 退耕还林对西部地区农户收入的影响分析[J]. 农业技术经济, 2014(10): 58-66.
[211]Albinus M P. Effects of Land Use Practices on Livelihoods in the Transboundary Sub-Catchments of the Lake Victoria Basin[J]. African Journal of Environmental Science & Technology, 2008, 2(10): 309-317.
[212]Ali Beheshti, Fayez Raiesi, Ahmad Golchin. Soil Properties, C Fractions and Their Dynamics in Land Use Conversion from Native Forests to Croplands in Northern Iran[J]. Agriculture, Ecosystems and Environment, 2012, 148 (2012) 121-133.
[213]Babulo B, Muys B, Nega F, et al.. Household Livelihood Strategies and Forest Dependence in the Highlands of Tigray, Northern Ethiopia[J]. Gricultural Systems, 2008, 98(2): 147-155.
[214]Bebbington A. Capitals and Capabilities: A Framework for Analyzing Peasant Viability, Rural Livelihoods and Poverty[J]. World Development, 1999, 27(12).
[215]Berkes F, Folke C. A Systems Perspective on the Interrelations Between Natural, Human-made and Cultural Capital[J]. Ecological Economics, 1992, 5(1): 1-8.
[216]Besley T. Property Rights and Investment Incentives: Theory and Evidence from Ghana[J]. Journal of Political Economy, 1995, 103: 903-937.
[217]Barrett C B, Reardon T, Webb P. Nonfarm Income Diversification and Household Livelihood Strategies in Rural Africa: Concepts, Dynamics, and Policy Implications[J]. Food Policy, 2001, 26.

[218] Block. S, Webb. P. The Dynamics of Livelihood Diversification in Post-Famine Ethiopia[J]. Food Policy, 2001, 26(4): 333-350.

[219] Boxman E A W, Graaf P M D, Flap H D. The Impact of Social and Human Capital on the Income Attainment of Dutch Managers[J]. Social Networks, 1991, 13(1): 51-73.

[220] Brueckner, Jan K. Urban Sprawl: Diagnosis and Remedies. [J]. International Regional Science Review, 2000.

[221] Coleman James. Foundations of Social Theory[M]. Cambridge, MA: Harvard University Press, 1994.

[222] Chambers R, Conway G. Sustainable Rural Livelihoods: Practical Concepts for the 21st Century[D]. UK: IDS (Institute of Development Studies) Discussion Paper, 1992: 15~33.

[223] Capozza D, Yuming Li. The Intensity and Timing of Investment: the Case Land[J]. The American Economic Review, 1994, 84(4).

[224] Clay D, Reardon T, Kangasniemi J. Sustainable Intensification in the Highland Tropics: Rwandan Farmers' Investments in Land Conservation and Soil Fertility[J]. Dconomic Development and Cultural Change, 1998, 46.

[225] Carr E R, Mccusker B. The Co-production of Land Use and Livelihoods Change: Implications for Development Interventions[J]. Geoforum, 2009, 40(4): 568-579.

[226] Daly, H E. Beyond Growth the Economics of Sustainable Development[M]. Boston: Beacon Press, 1996: 25-76.

[227] Daly, H E. Operationalizing Sustainable Development by Investing in Natural Capital. in A Jansson, M Hammer, C Folke, R Costanza (eds.). Investing in Natural Capital[M]. Washington: Island Press, 1994: 22-37.

[228] DFID, Sustainable Livelihoods Guidance Sheets [R]. Department for International Development, 2000: 45-56.

[229] Donald P F, Green R E, Heath M F. Agricultural Intensification and the Collapse of Europe's Farmland Bird Populations[J]. Proceedings: Biological Sciences, 2001, 268 (1462): 25-29.

[230] David Harvey. The Limits to Capital[M]. Chicago: The University of Chicago Press, 1982: 292.

[231] Ellis F. Rural Livelihoods and Diversity in Developing Counuries[M]. New York: Oxford University Press, 2000: 26-38.

[232] Eakin H, Luers A L. Assessing the Vulnerability of Social-Environmental Systems[J]. Social Science Electronic Publishing, 2006, 5(31): 365-394.

[233] Feder G, Feeny D. Land Tenure and Property Rights: Theory and Implications for Development Policy[J]. World Bank Economic Review, 1991, 5(1): 135-153.

[234] Fonseca Rory. Performance Criteria for Evaluating the Efficiency of Land Use Development Proposalson Urban[J]. International Journal for Housing Science and Its Apllications,

1981, 5(3): 185-194.
[235]Farrell M J. The Measurement of Productive Efficiency[J]. Journal of the Royal Statistical Society. Series A (General), 1957, 120(3): 253-290.
[236]Holden S T, Yi Y, Jiang X, et al.. Tenure Security and Investment Effects of Forest Tenure Reform in China[M]. Land Tenure Reform in Asia and Africa. Palgrave Macmillan UK, 2013.
[237]Holden S, Shiferaw B, Pender J. Non-farm Income, Household Welfare, and Sustainable Land Management in a Less-favoured Area in the Ethiopian Highlands[J]. Food Policy, 2004, 29(4): 369-392.
[238]Hansen B E. Threshold Effects in Non-dynamic Panels: Estimation, Testing, and Inference[J]. Journal of Econometrics, 1999, 93(2): 345-368.
[239]Hasse J E, Lathrop R G. Land Resource Impact Indicators of Urban Sprawl[J]. Applied Geography An International Journal, 2003, 23(2-3): 0-175.
[240]Ian MacGregor-Fors. Relation between Habitat Attributes and Bird Richness in a Western Mexico Suburb[J]. Landscape and Urban Planning, 2008(84): 92-98.
[241]Irina Herzon, Ainārs Auninš, Jaanus Elts, Zydrunas Preikš. Intensity of Agricultural Land-use and Farmland Birds in the Baltic States[J]. Agriculture, Ecosystems and Environment, 2008(125): 93-100.
[242]Jin S, Deininger K. Land Rental Markets in the Process of Rural Structural Transformation: Productivity and Equity Impacts from China[J]. Journal of Comparative Economics, 2009, 37(4): 629-646.
[243]Kao C, Yang Y C. Measuring the Efficiency of Forest Management[J]. Forest science, 1991, 37(5): 1239-1252.
[244]Kassahun A, Snyman H A, Smit G N. Impact of Rangeland Degradation on the Pastoral Production Systems, Livelihoods and Perceptions of the Somali Pastoralists in Eastern Ethiopia[J]. Journal of Arid Environments, 2008, 72(7): 1265-1281.
[245]Koczberski G, Curry G N. Making a Living: Land Pressures and Changing Livelihood Strategies Among Oil Palm Settlers in Papua New Guinea[J]. Agricultural Systems, 2005, 85(3): 0-339.
[246]Lambin E. Causes of Land-use and Land-cover Change[J]. Eric Lambin, 2001, (11): 261-269.
[247]Landell-Mills N, Porras I T. Silver Bullet or Fool's Gold——a Global Reviewof Markets for Forest Environmental Services and Their Impact on the Poor[R]. IIED, 2002.
[248]Meng T, Chen H. A Multilevel Analysis of Social Capital and Self-rated Health: Evidence from China[J]. Health & Place, 2014, 27(Complete): 38-44.
[249]Murray C. Livelihoods Research: Some Conceptual and Methodological Issues[J]. SSRN Electronic Journal, 2001, 43(1): 481-493.
[250]Maxim Shoshany, Naftaly Gold shleger. Land-use and Population Density Changes in Isra-

el-1950 to 1990: Analysis of Regional and Local Trends[J]. Land Use Policy, 2002, (19): 123-133.

[251]Moser C O N. The Asset Vulnerability Framework: Reassessing Urban Poverty Reduction Strategies[J]. World Development, 1998, 26.

[252]Pagiola S, Arcenas A, Platais G. Can Payments for Environmental Services Help Reduce Poverty? An Exploration of the Issues and the Evidence to Date from Latin America[J]. World Development, 2005, 33(2): 237-253.

[253]Pearce D W, Turner R K. Economics of Natural Resources and the Environment[M]. Baltimore: Johns Hopkins Uni-versity Press, 1990: 51-53.

[254]Porras I. Fair and Green? Social Impacts of Payments for Environmental Services in Costa Rica[J]. Dec 2010 - IIED, 2010.

[255]Perez C, Roncoli C, Neely C, et al.. Can Carbon Sequestration Markets Benefit Low Income Producers in Semi-arid Africa? Potentials and Challenges[J]. Agricultural Systems, 2007, 94(1): 2-12.

[256]Paavola J. Livelihoods, Vulnerability and Adaptation to Climate Change in Morogoro, Tanzania[J]. Environmental Science & Policy, 2008.

[257]Pender J. Development Pathways for Hillsides and Highlands: Some Lessons from Central America and East Africa[J]. Food Policy, 2004, 29(4): 339-367.

[258]Putnam R D, Leonardi D R. Making Democracy Work: Civic Traditions in Modern Italy[J]. Contemporary Sociology, 1994, 26(3): 306-308.

[259]Qin P, Xu J. Forest Land Rights, Tenure Types, and Farmers Investment Incentives in China[J]. China Agricultural Economic Review, 2013, 5(1): 154-170.

[260]Riumallo-Herl C J, Kawachi I, Avendano M. Social Capital, Mental Health and Biomarkers in Chile: Assessing the Effects of Social Capital in a Middle-income Country[J]. Social ence & Medicine, 2014, 105: 47-58.

[261]Richard Y M Kangalawe, Carl Christiansson, Wilhelm Östberg. Changing Land-use Patterns and Farming Strategies in the Degraded Environment of the Irangi Hills, Central Tanzania[J]. Agriculture, Ecosystems and Environment, 2008, 125: 33-47.

[262]Soini E. Land Use Change Patterns and Livelihood Dynamics on the Slopes of Mt. Kilimanjaro, Tanzania [J]. Agricultural Systems, 2005, 85(3): 306-323.

[263]Scoones I. Sustainable Rural Livelihoods: a Framework for Analysis, IDS[J]. Working Paper, 1998, 72.

[264]Schultz T W. Capital Formation by Education[J]. Journal of Political Economy, 1960, 68, 571-583.

[265]Stifel D. The Rural Non-farm Economy Livelihood Strategies and Household Welfare[J]. The African Journal of Agricultural and Resource Economics, 2010, 4(1): 82-109.

[266]Sharp Kay. Measuring Destitution: Integrating Qualitative and Quantitative Approaches in the Analysis of Survey Data[R/OL]. IDS working paper, 2003, 217-234.

[267]Soini E. Land Use Change Patterns and Livelihood Dynamics on the Slopes of Mt. Kilimanjaro, Tanzania[J]. Agricultural Systems, 2005, 85(3): 0-323.

[268]Simon Brinera, Ché Elkin, Robert Huber, et al.. Assessing the impacts of Economic and Climate Changes on Land-use in Mountain Regions: A Spatial Dynamic Modeling Approach[J]. Agriculture, Ecosystems and Environment, 2012, 149: 50-63.

[269]TurnerII B L, Doolittle W E. The Concept and Measure of Agricultural Intensity[J]. The Professional GeoFig. er, 1978, 30(3): 297-301.

[270]Viitala E J, Hanninen H. Measuring the Efficiency of Public Forestry Organizations[J]. Forest Science, 1998, 44(2): 298-307.

[271]Wang X, Yamauchi F, Otsuka K, et al.. Wage Growth, Landholding, and Mechanization in Chinese Agriculture[J]. World Development, 2016, 86(86): 30-45.

[272]Xu J, White A, Lele U J. China's Forest Tenure Reforms: Impacts and Implications for Choice, Conservation, and Climate Change. Rights and Resources Initiative, 2010.

[273]Xie F, Zhu S, Cao M, et al.. Does Rural Labor Outward Migration Reduce Household Forest Investment? The Experience of Jiangxi, China[J]. Forest Policy and Economics, 2019, 101: 62-69.

[274] Yemiru T. Participatory Forest Management for Sustainable Livelihoods in the Bale Mountains[J]. Southern Ethiopia Faculty of Forestry Department of Forest Products Uppsala Doctoral Thesis Swedish University of Agricultural Sciences, 2011.

[275]Yin R, Yao S, Huo X. China's Forest Tenure Reform and Institutional Change in the New Century: What has been Implemented and What Remains to be Pursued? [J]. Land Use Policy, 2013, 30(1).

[276]Zhang D W, Eric Aboagye Owiredu. Land Tenure, Market, and the Establishment of forest Plantations in Ghana[J]. Forest Policy & Economics, 9(6): 0-610.

[277]Zhang D, Pearse P H. The Influence of the Form of Tenure on Reforestation in British Columbia[J]. Forest Ecology and Management, 1997, 98(3): 0-250.